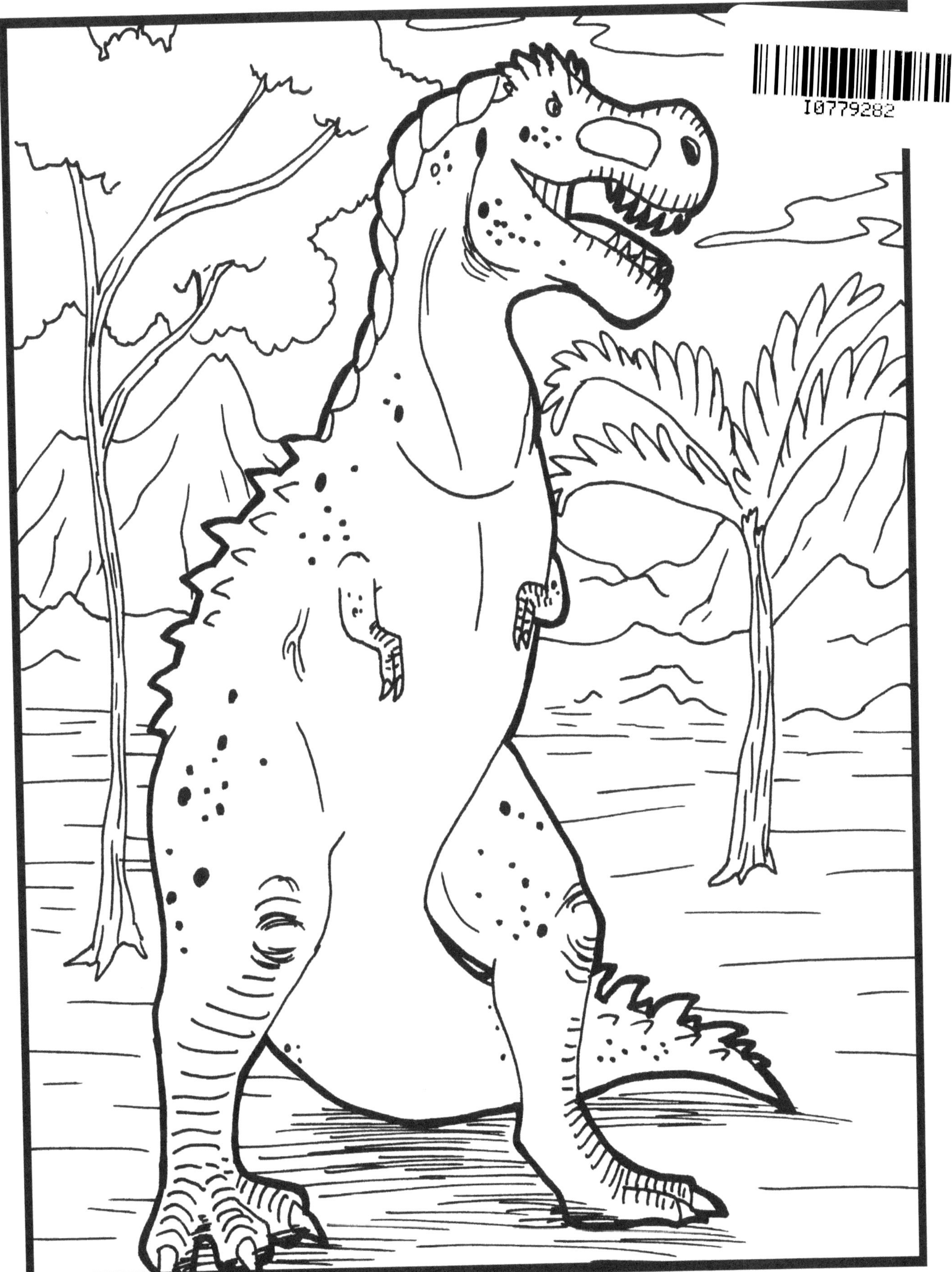
I0779282

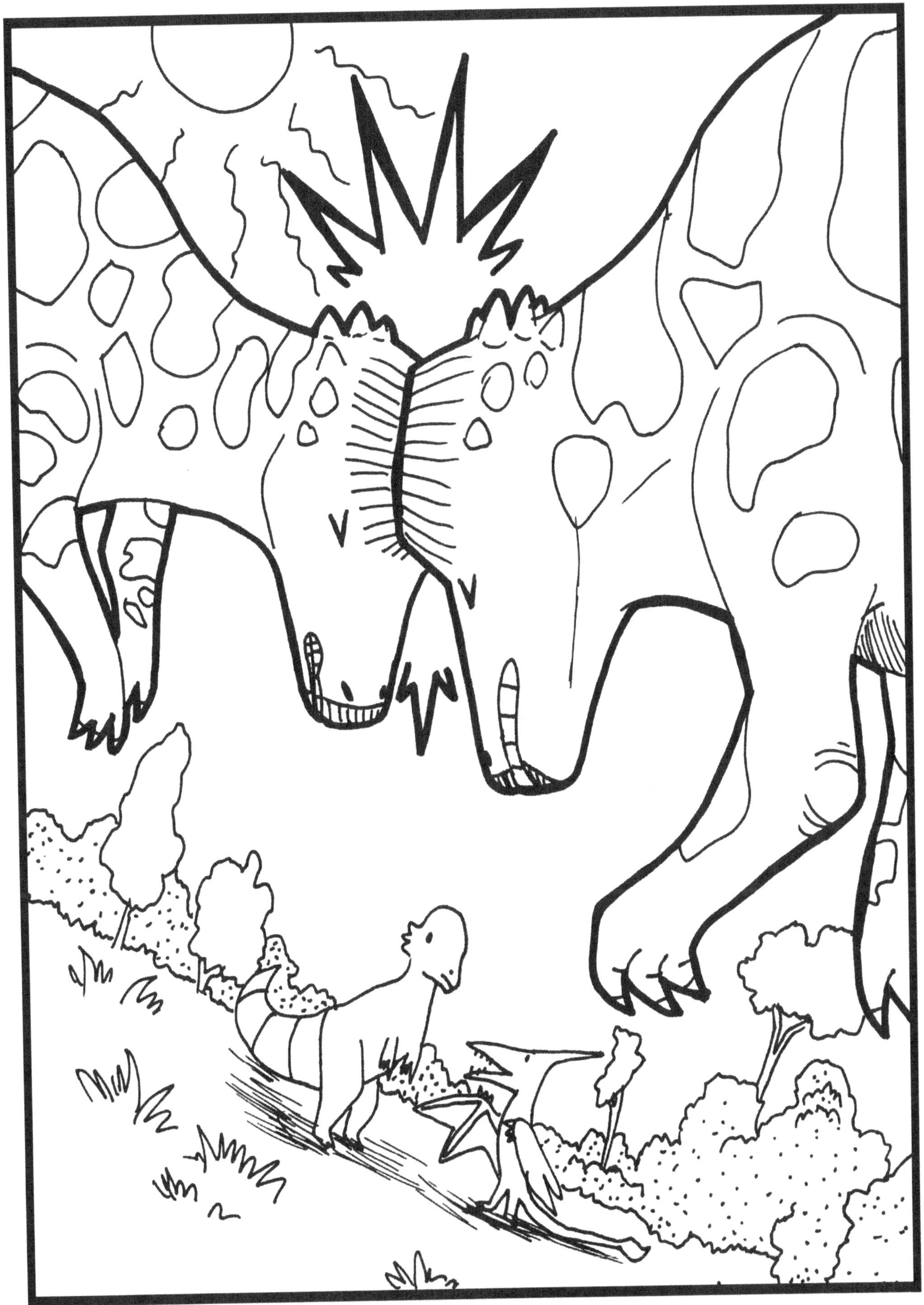

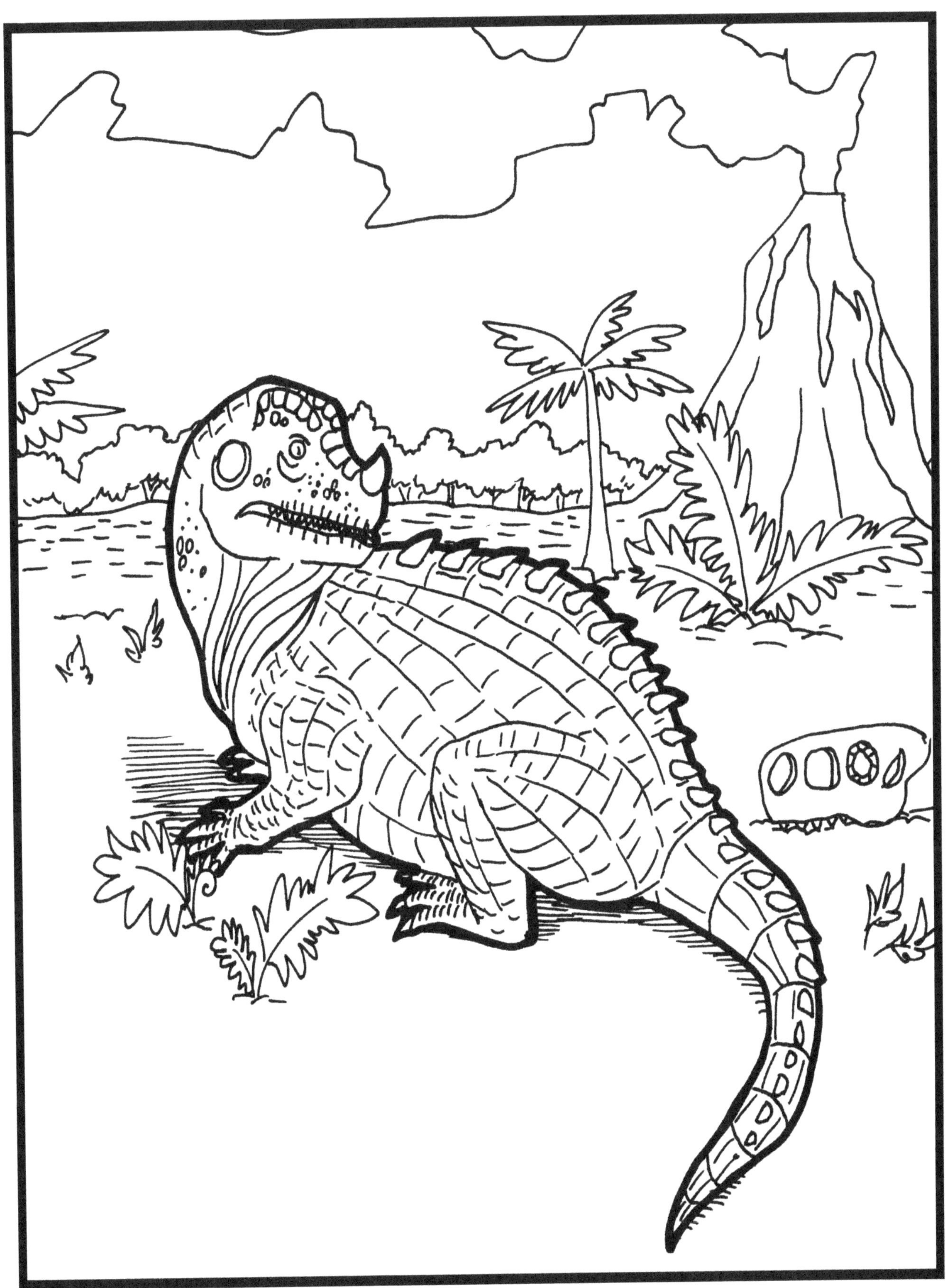

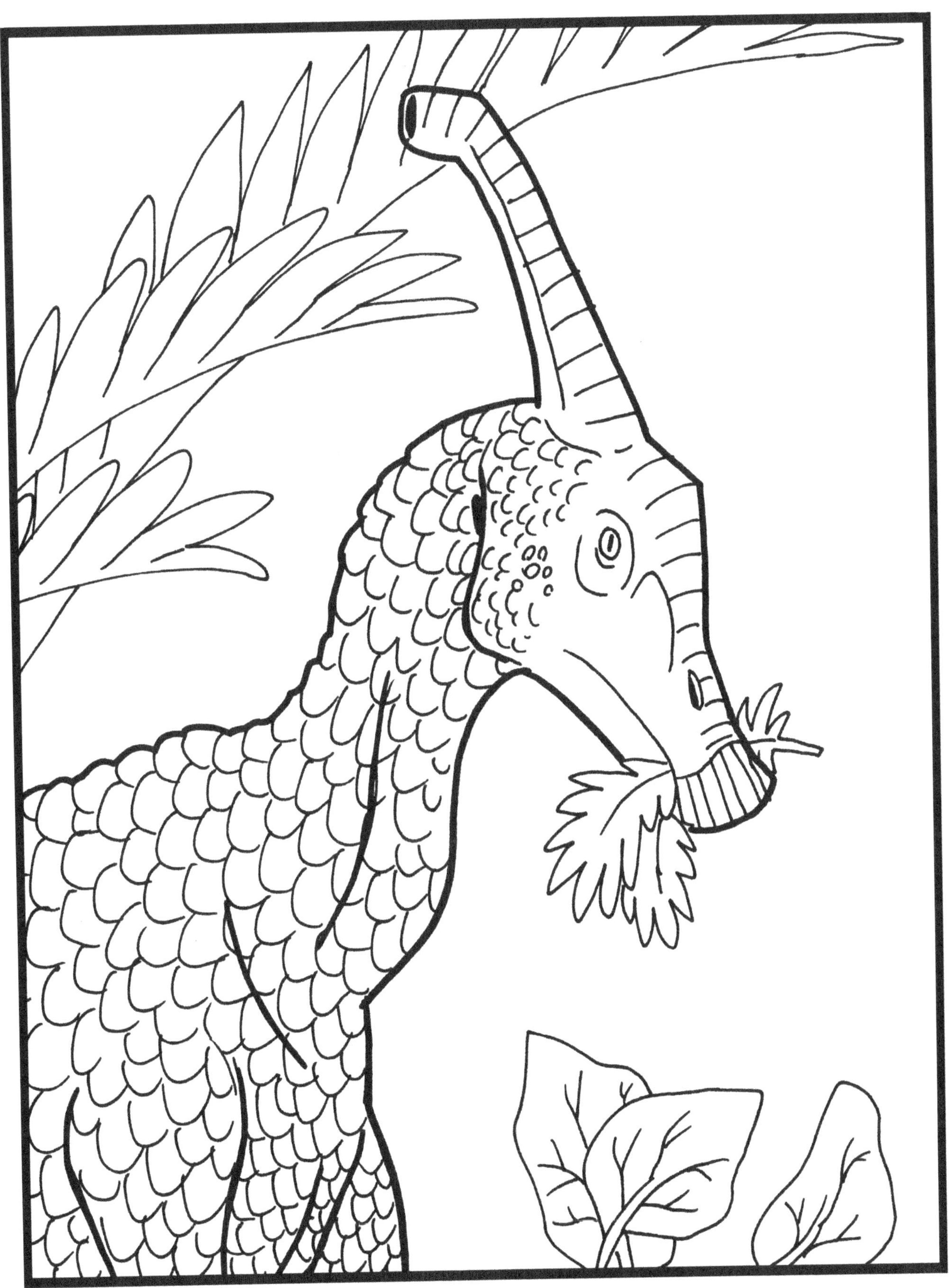

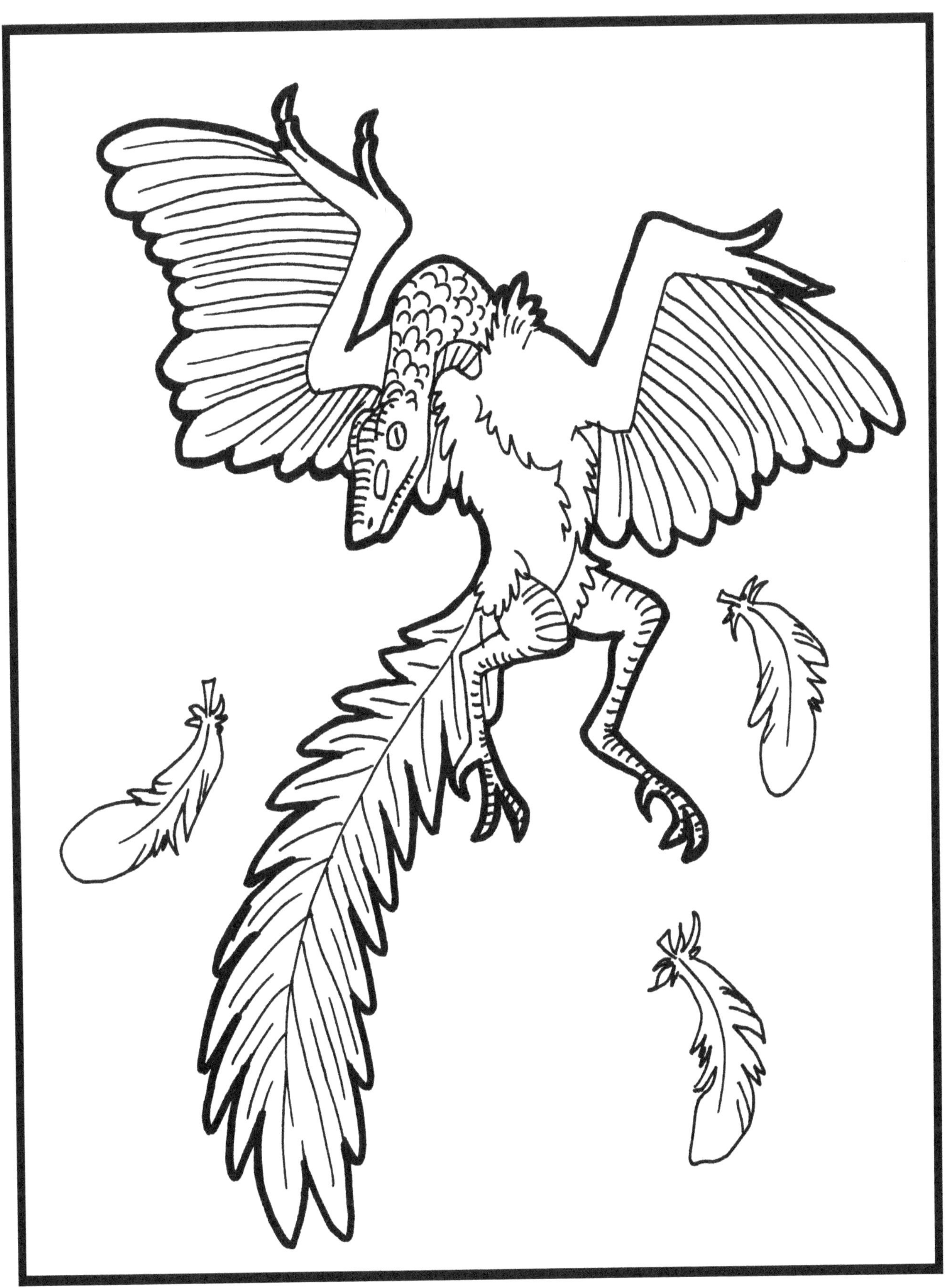

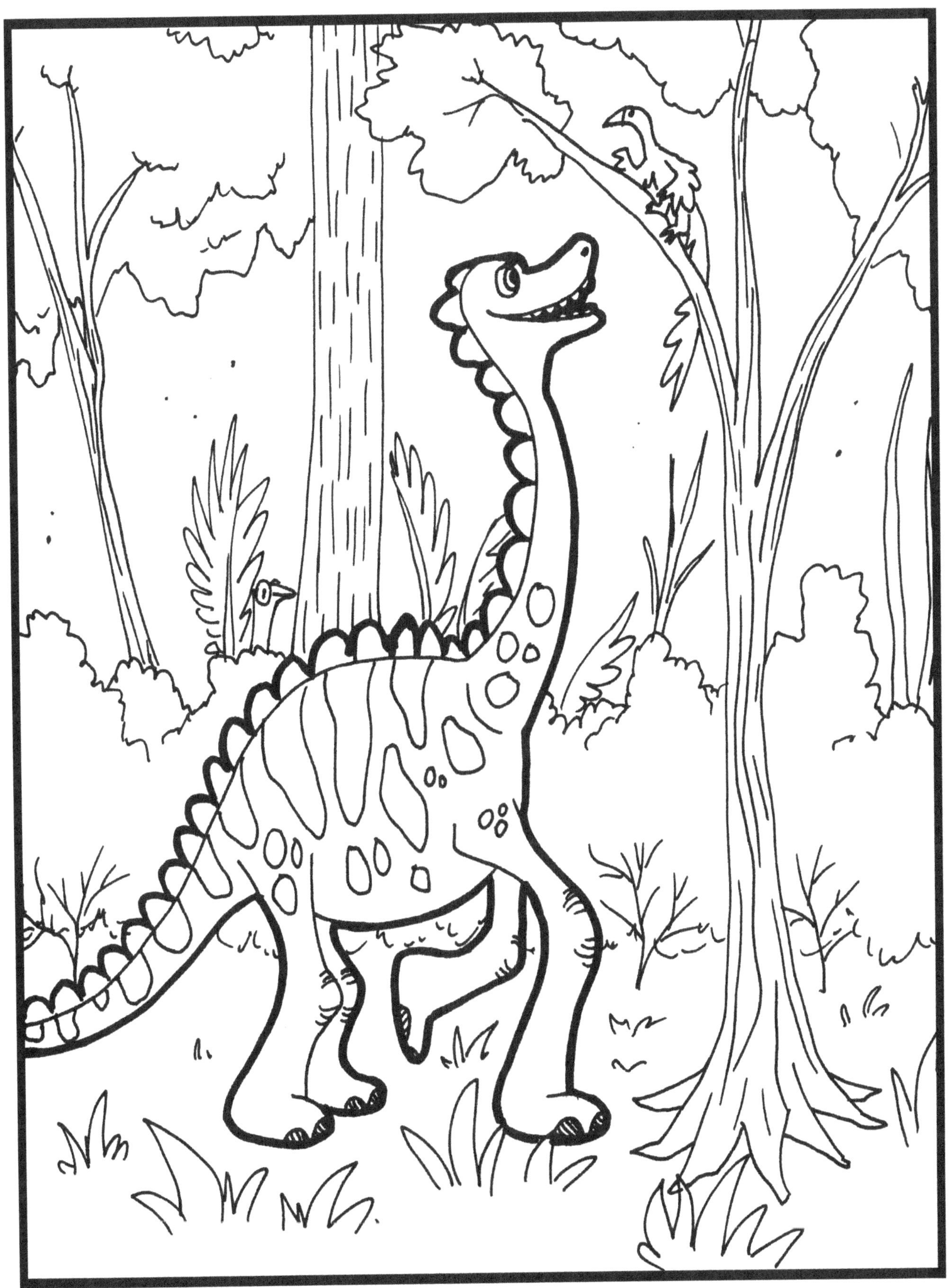

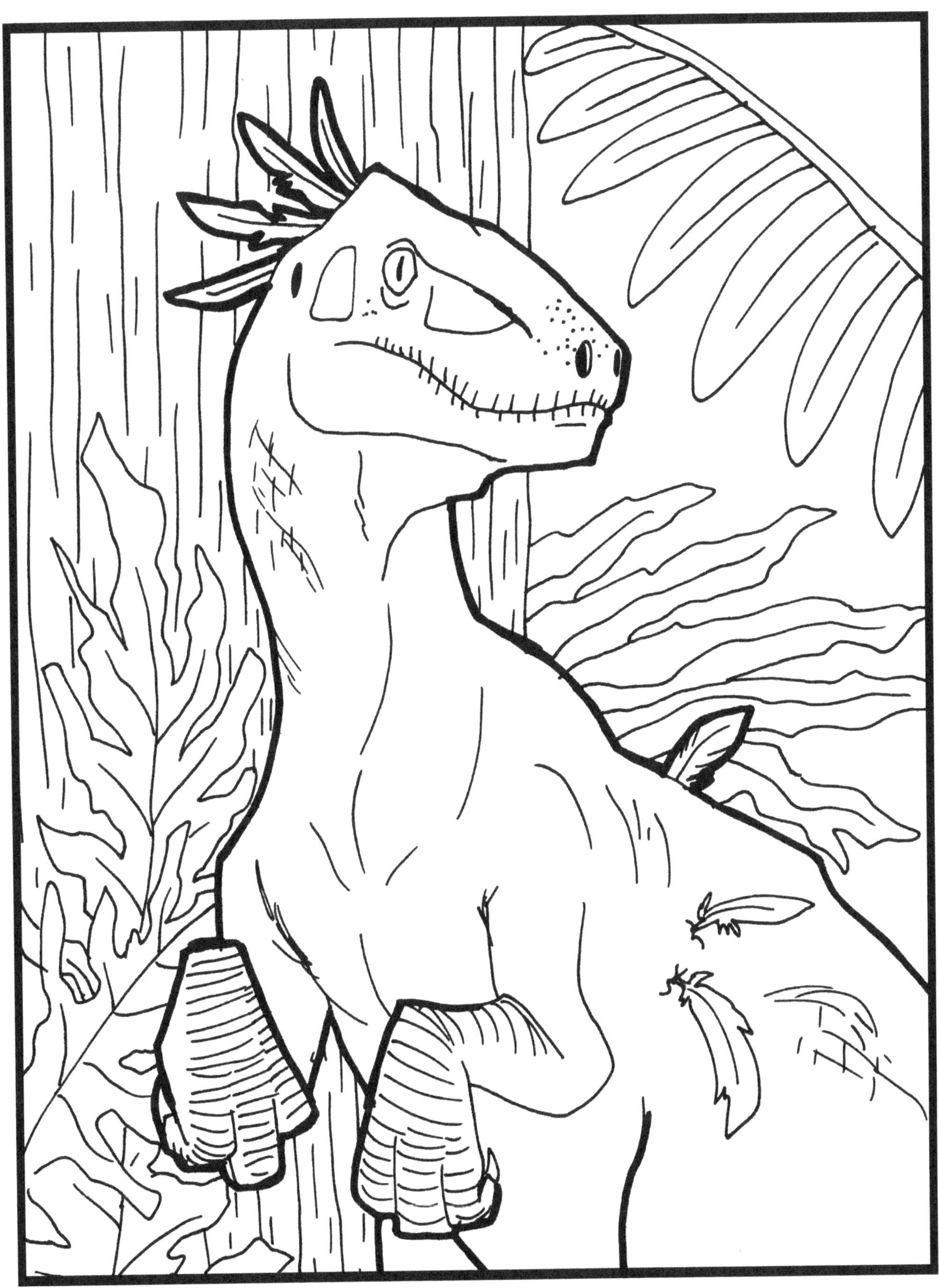

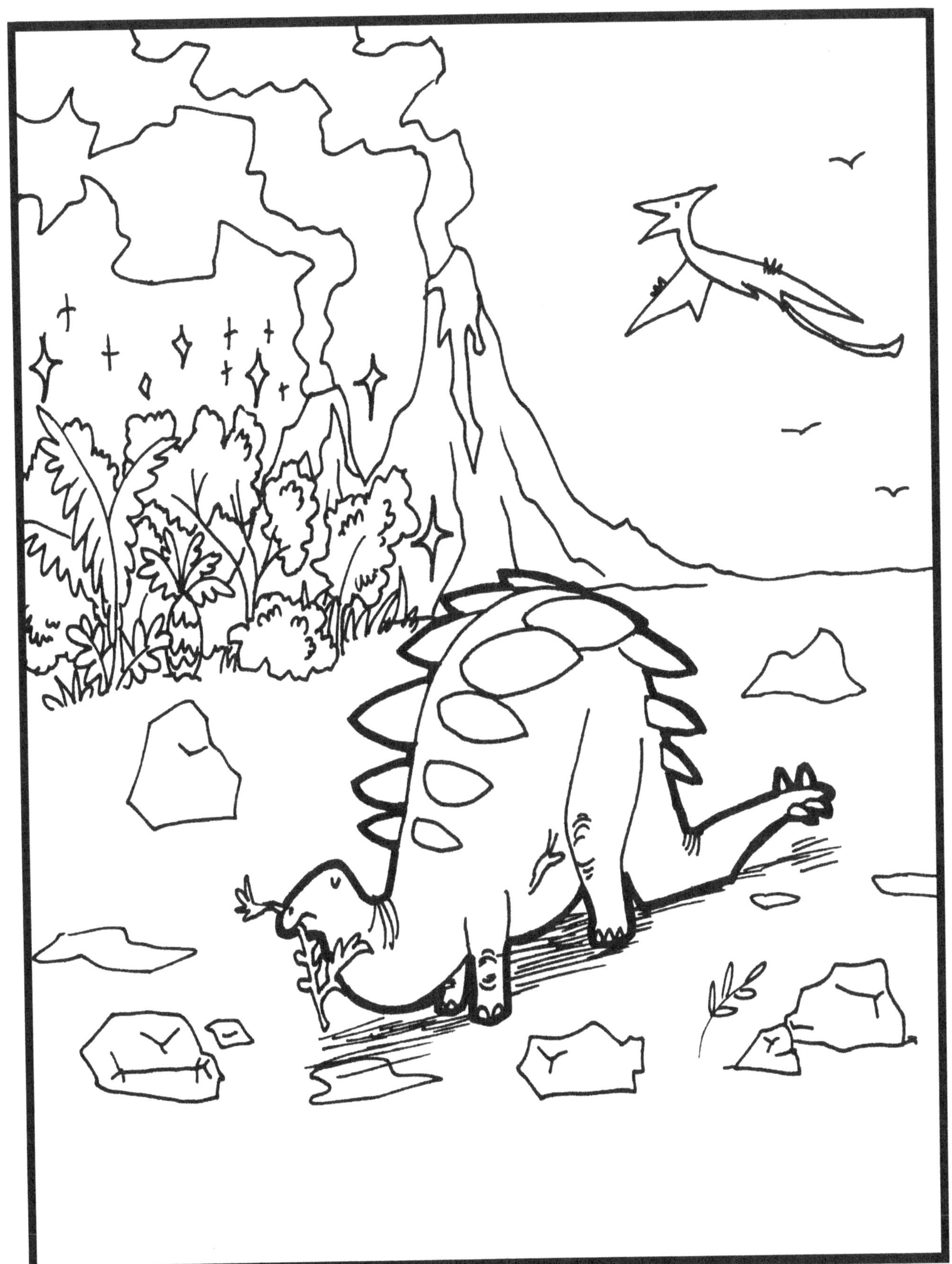

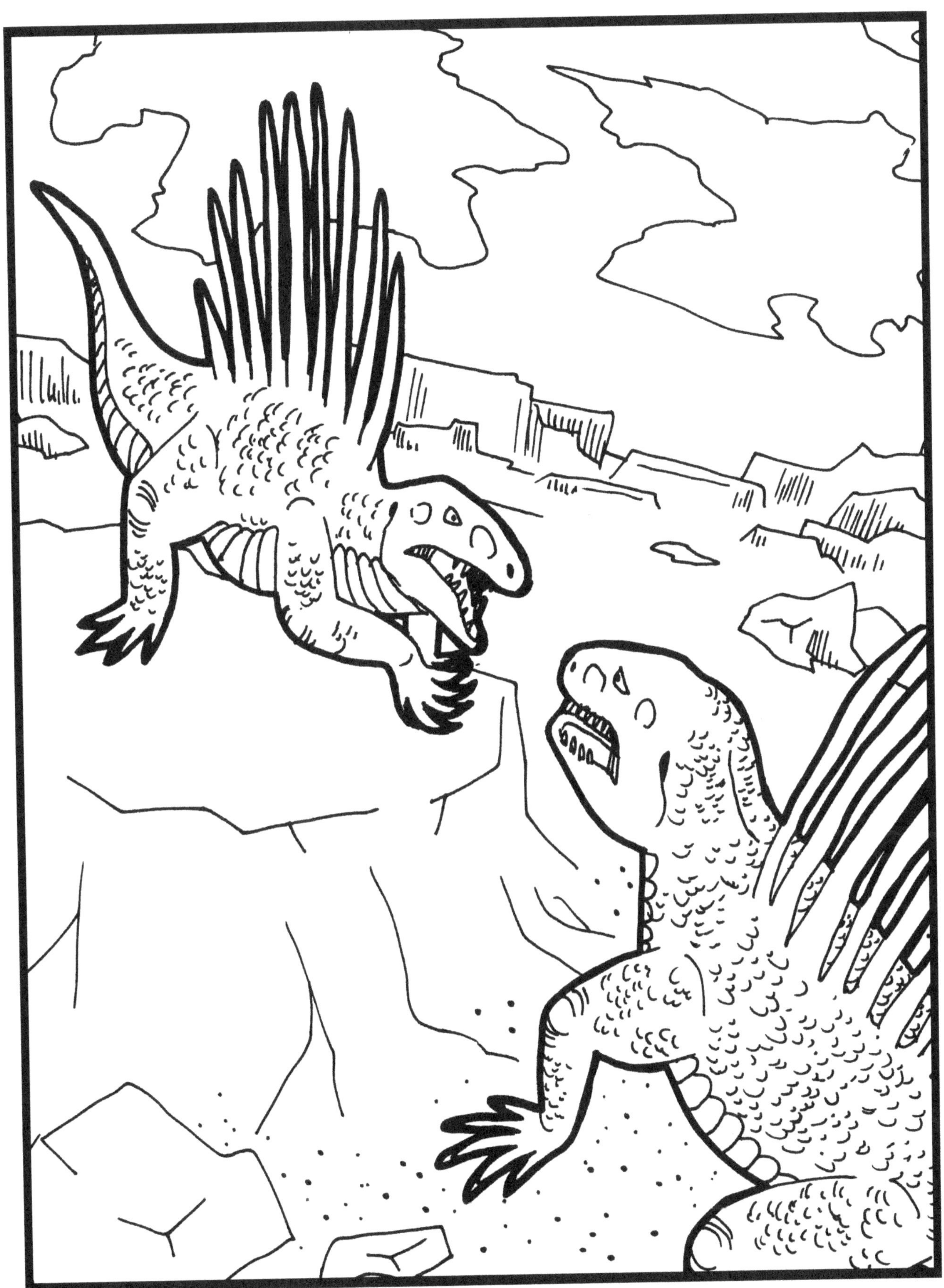

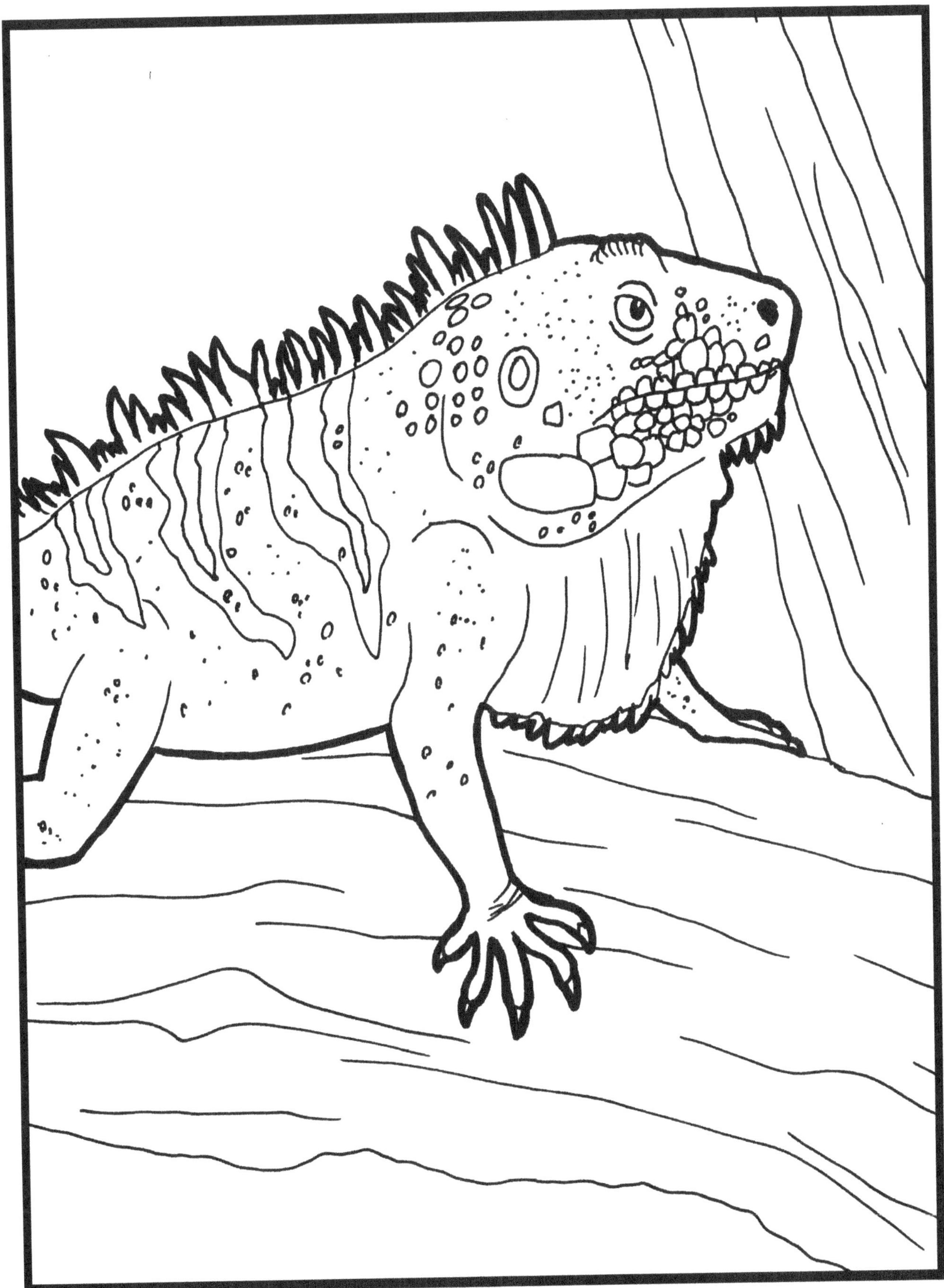

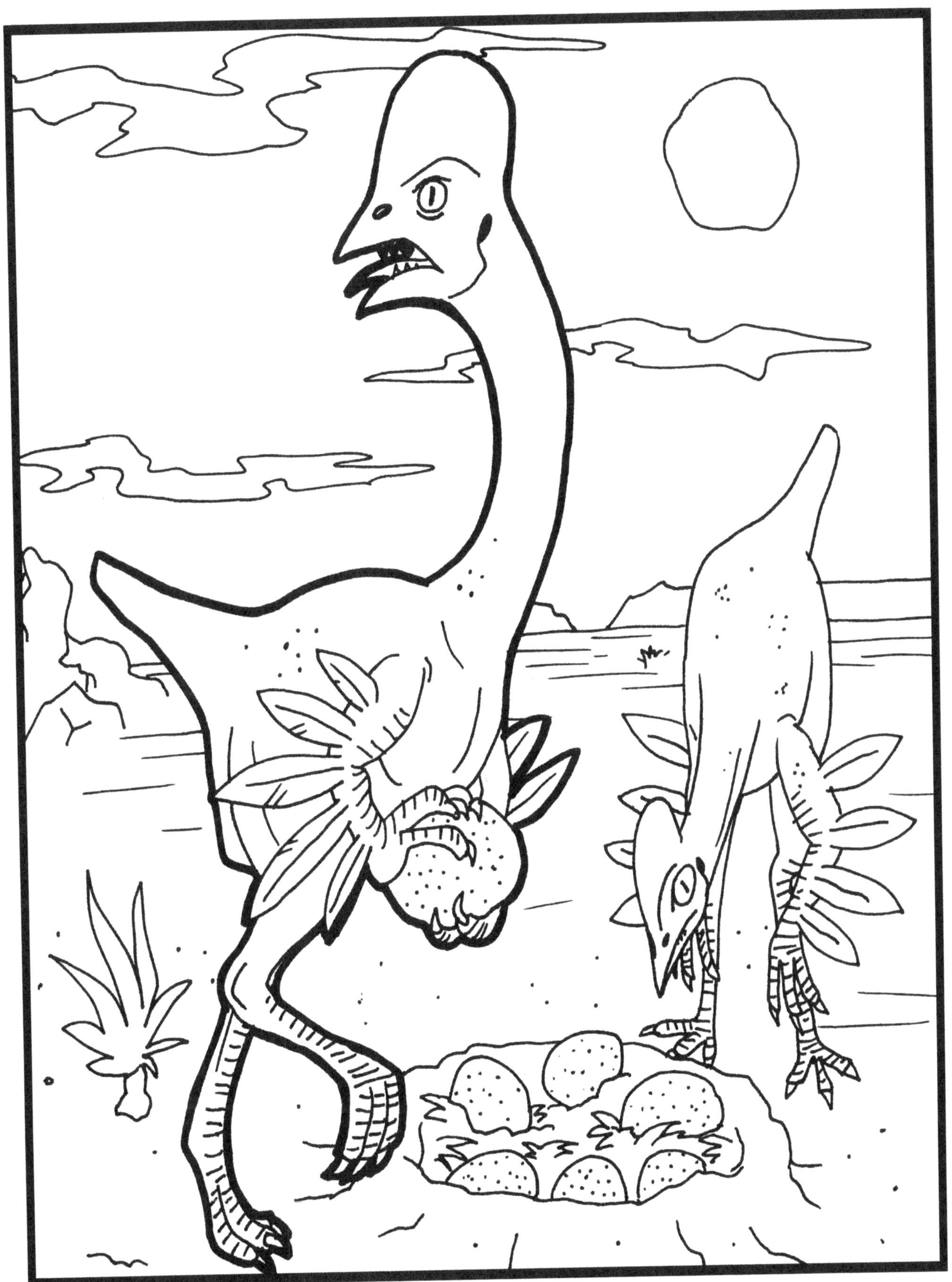

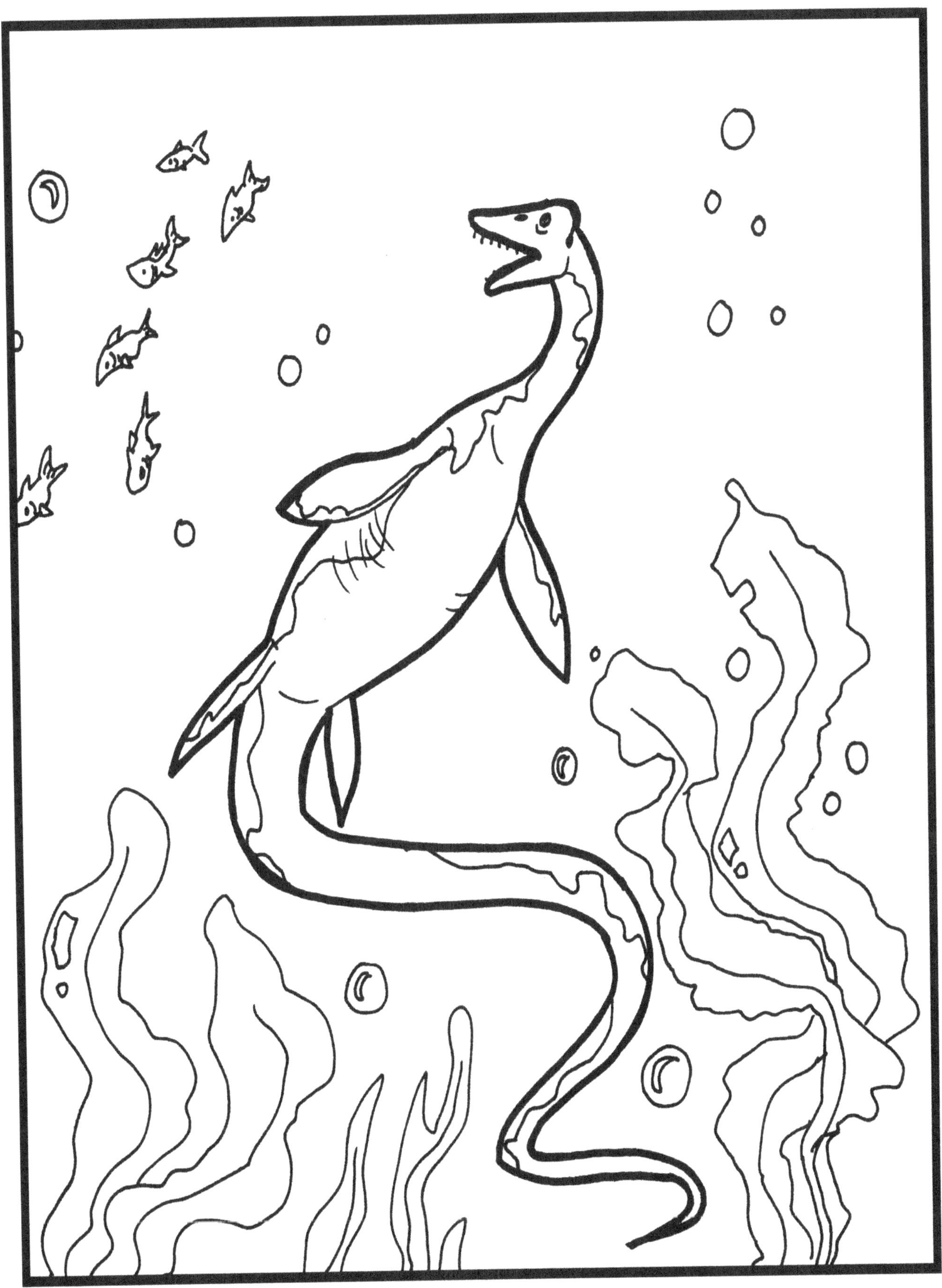

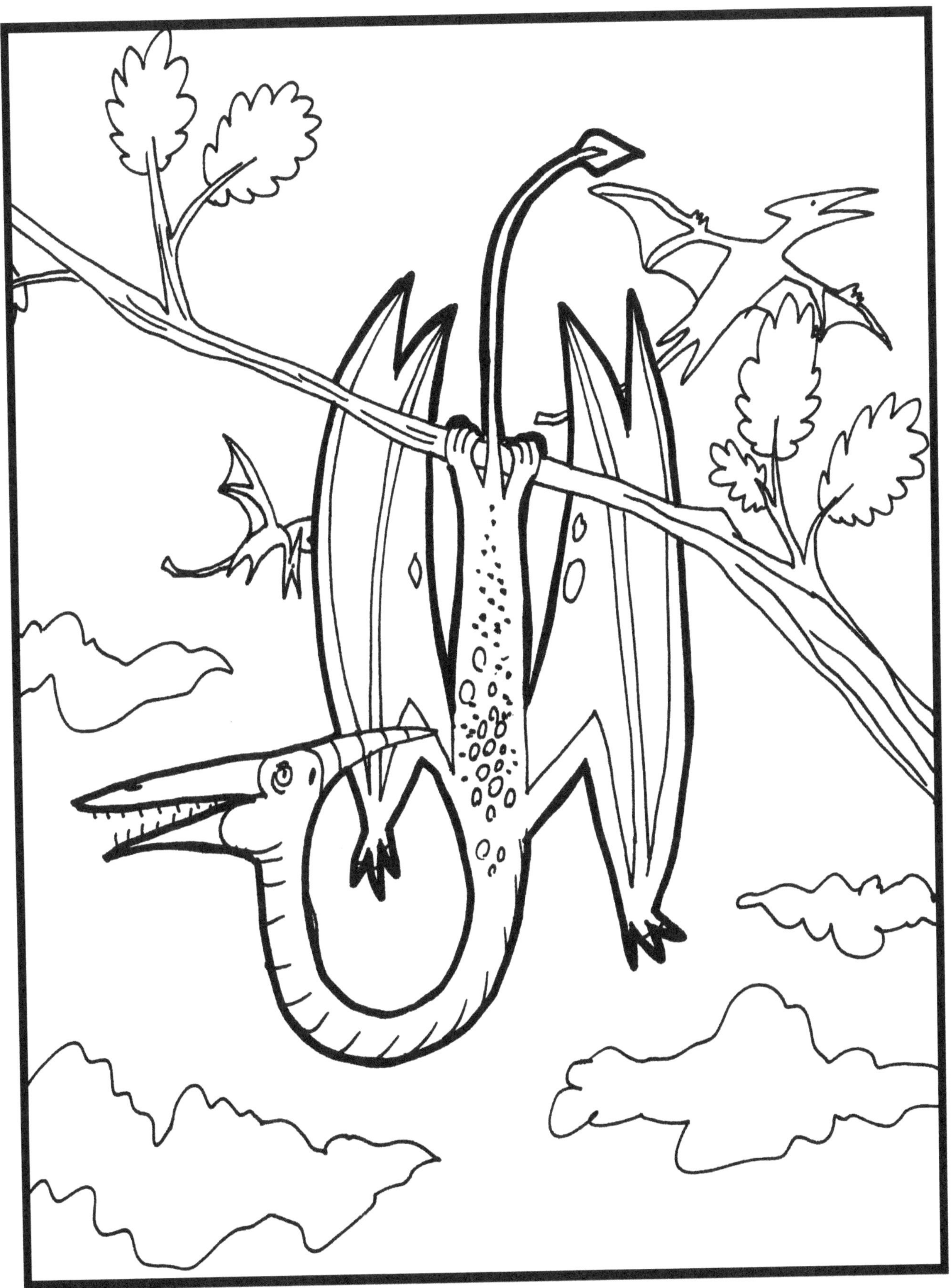

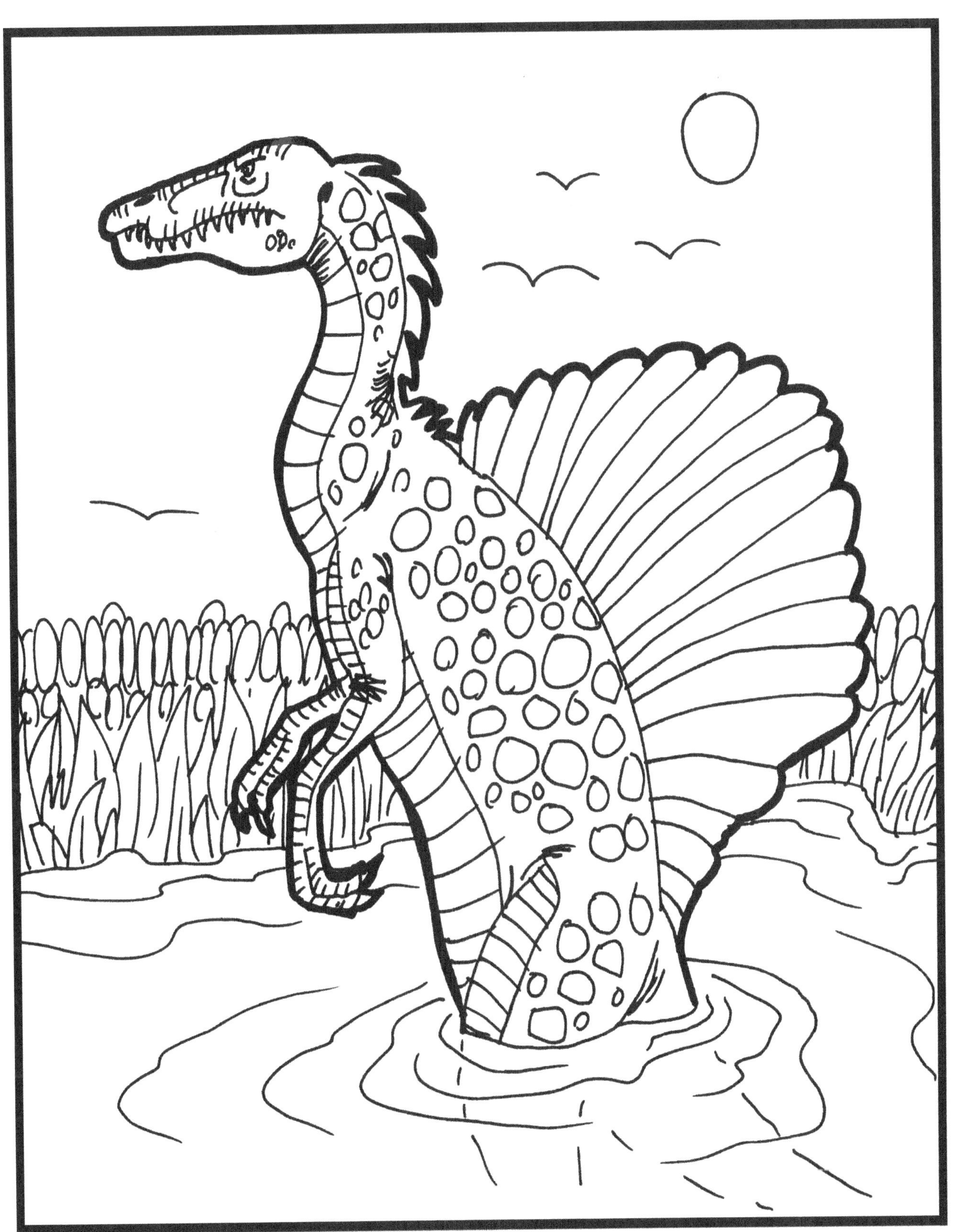

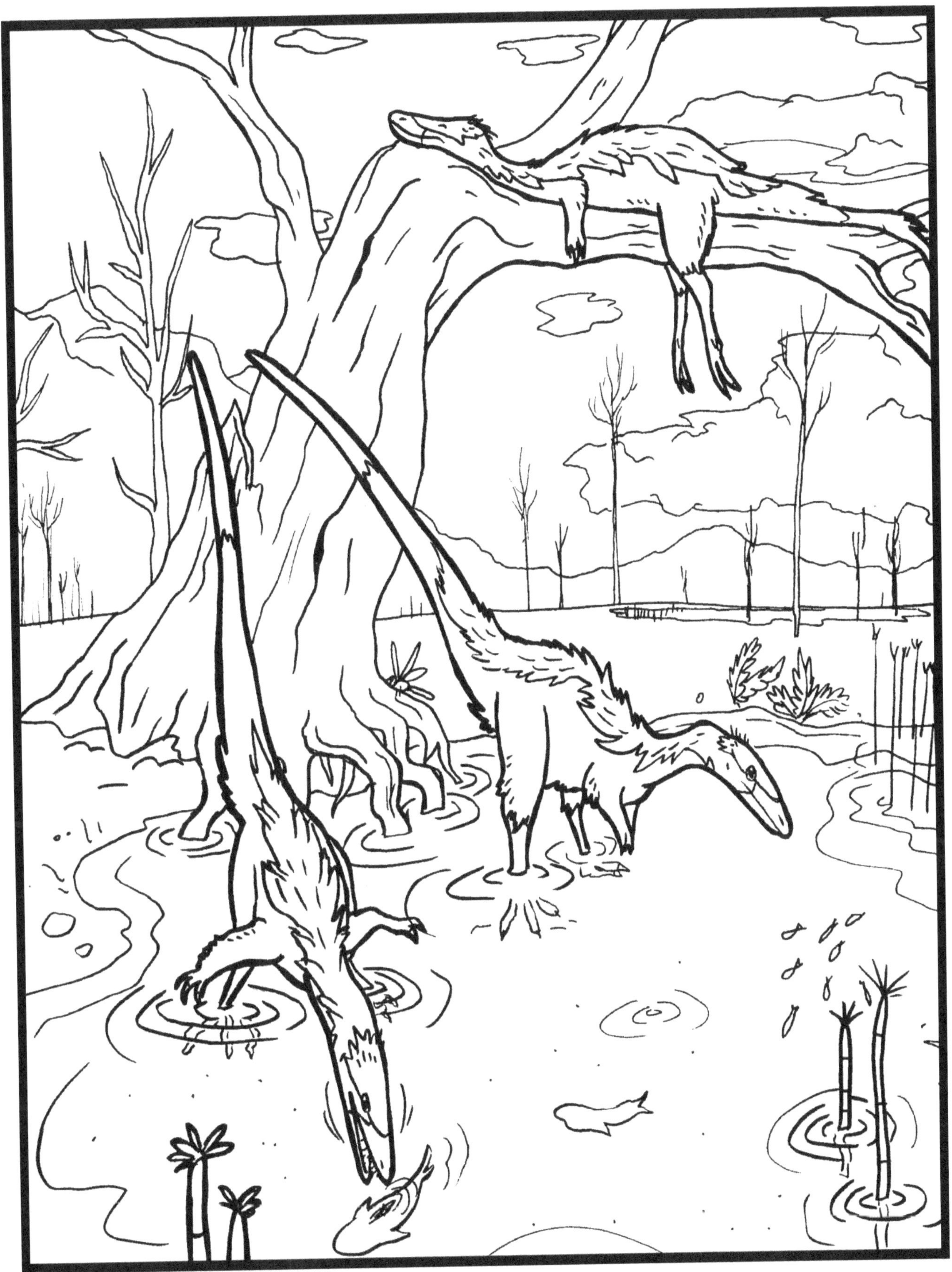

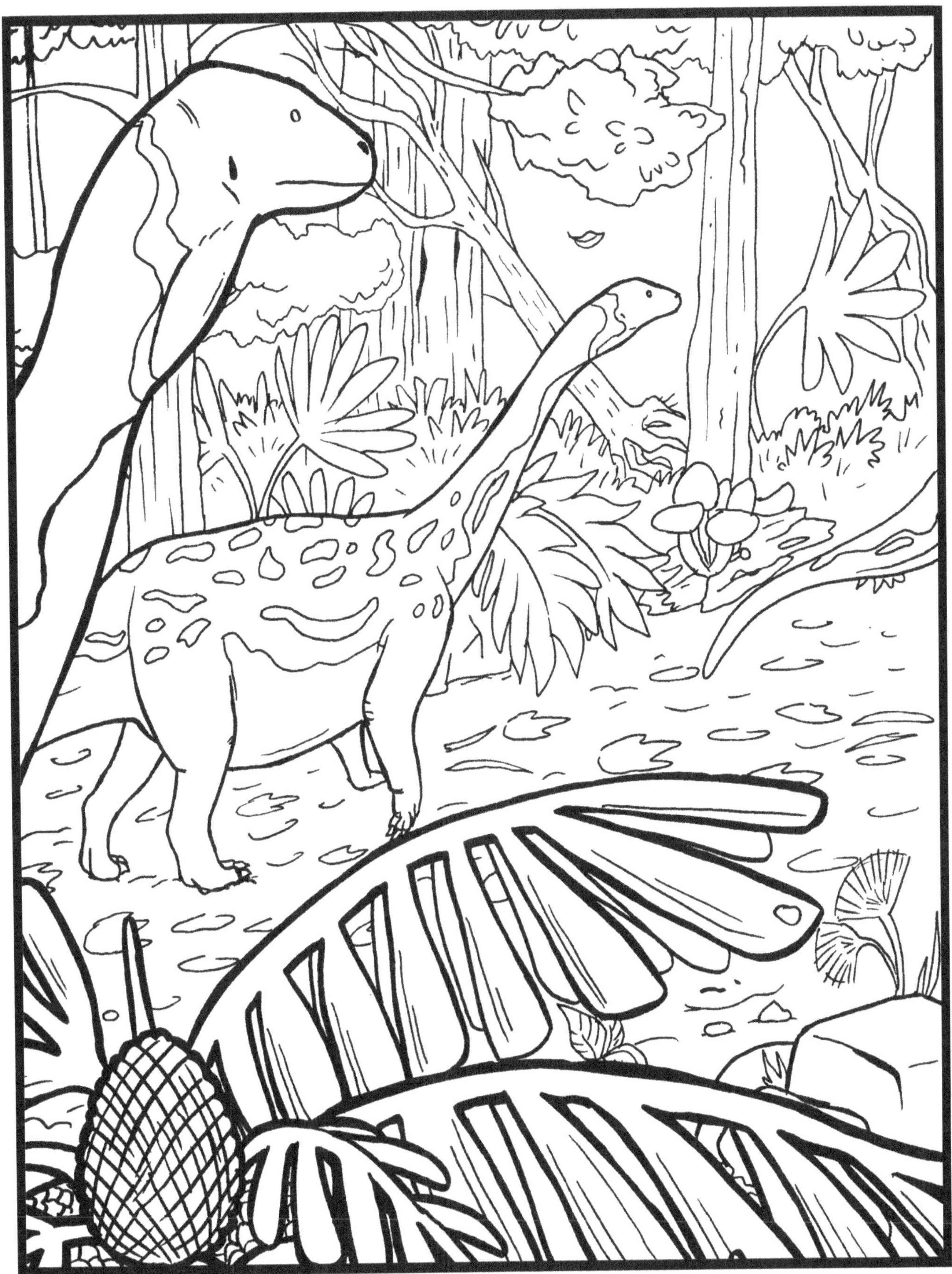

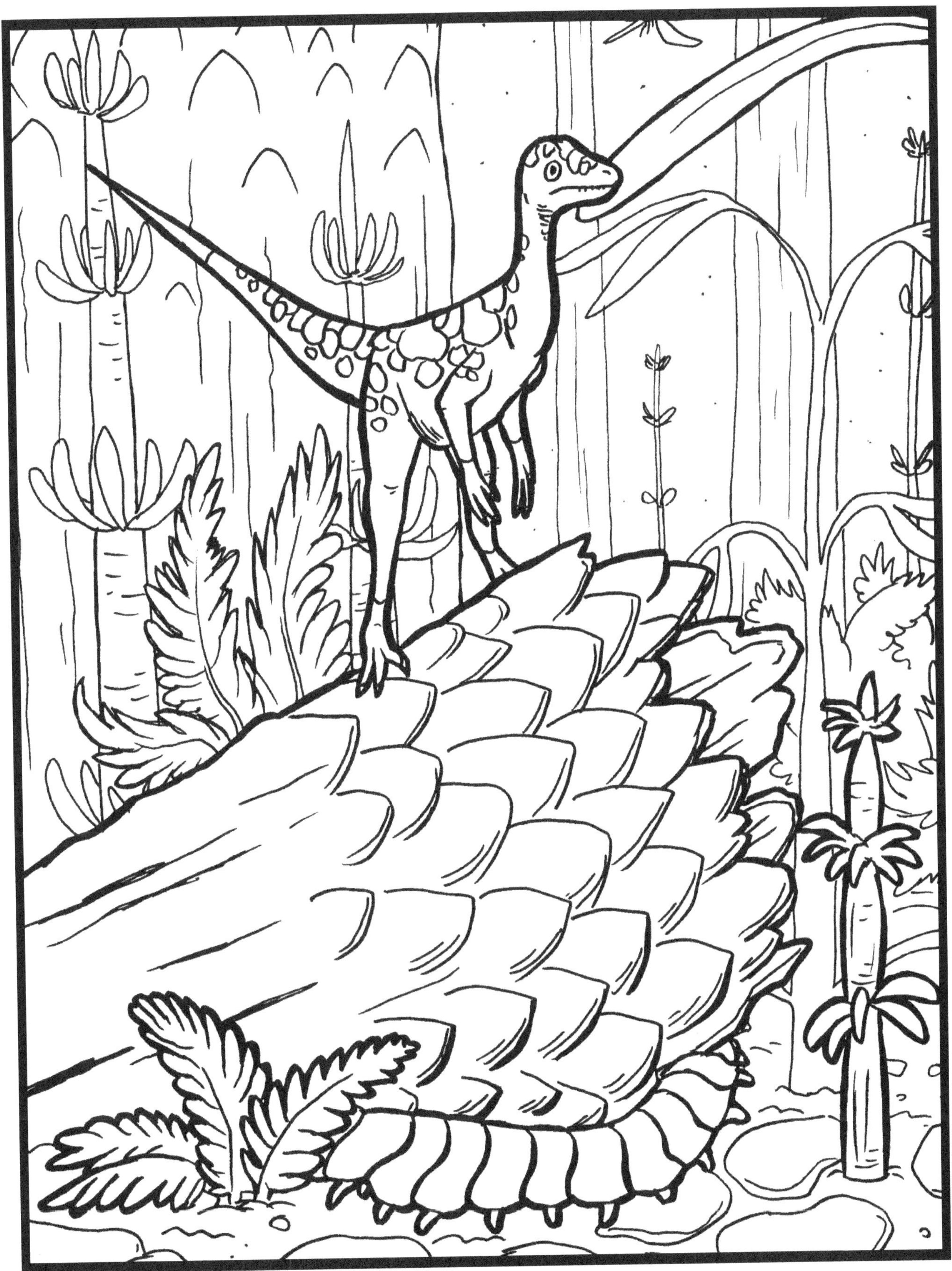

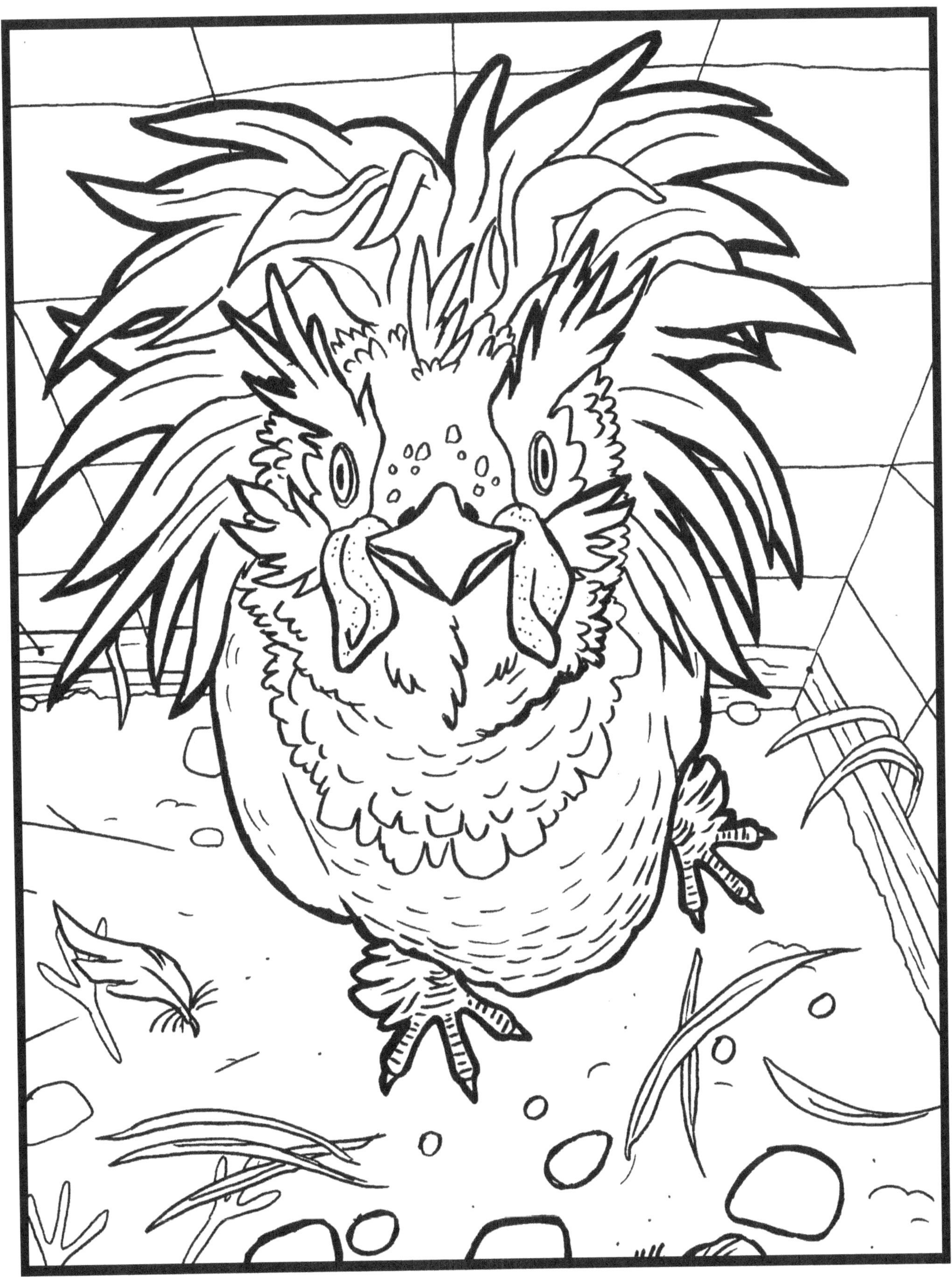

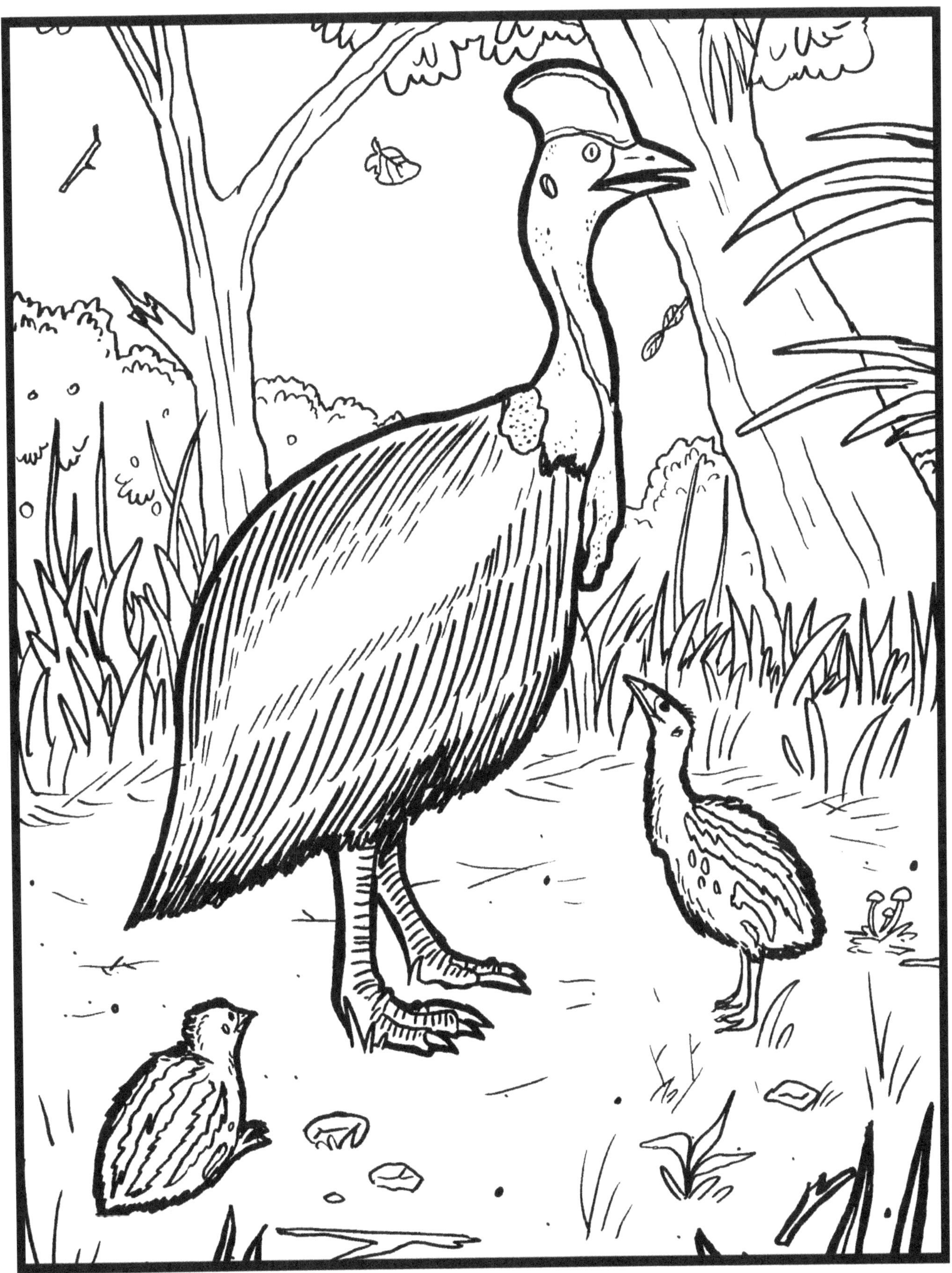

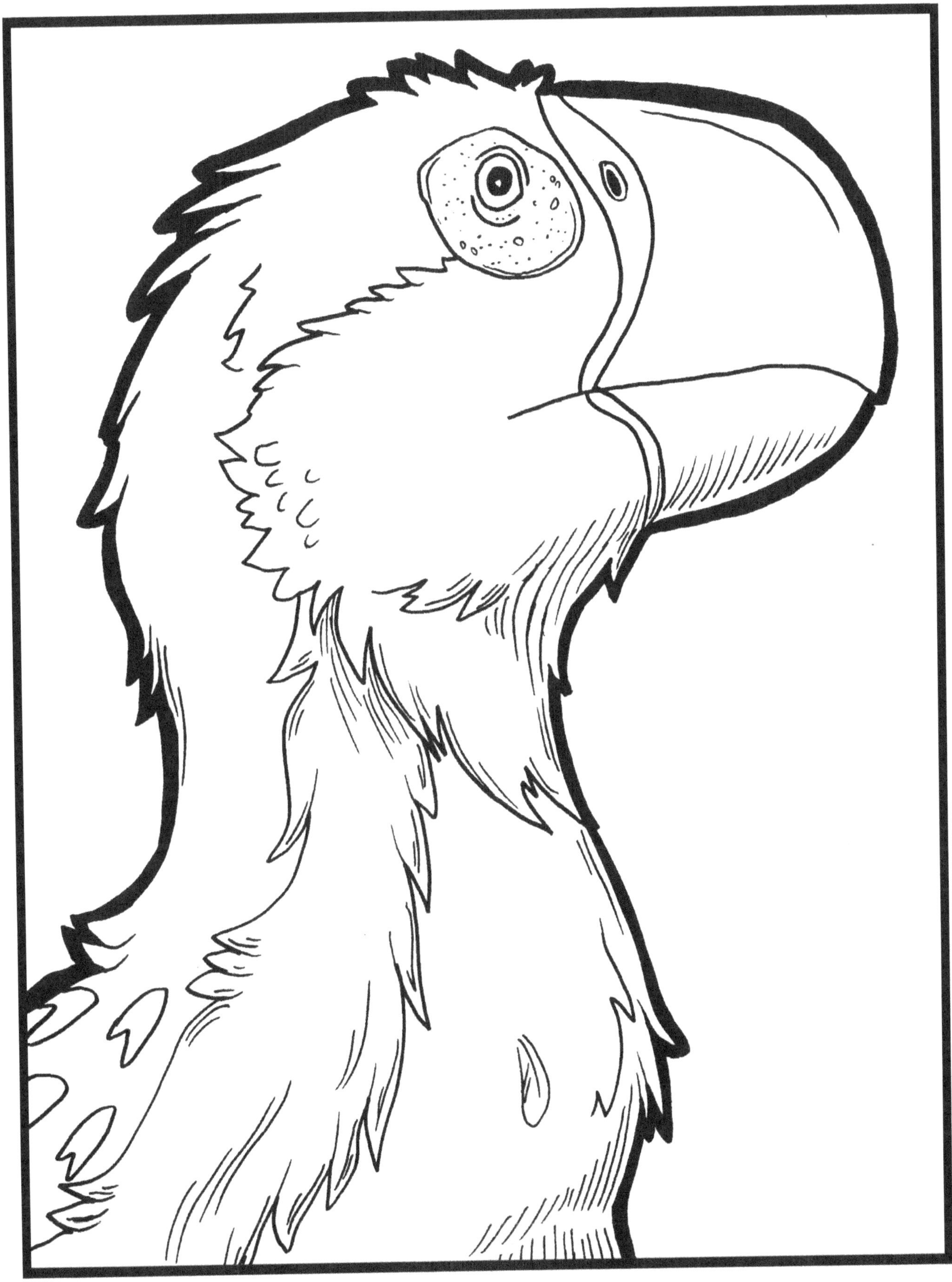

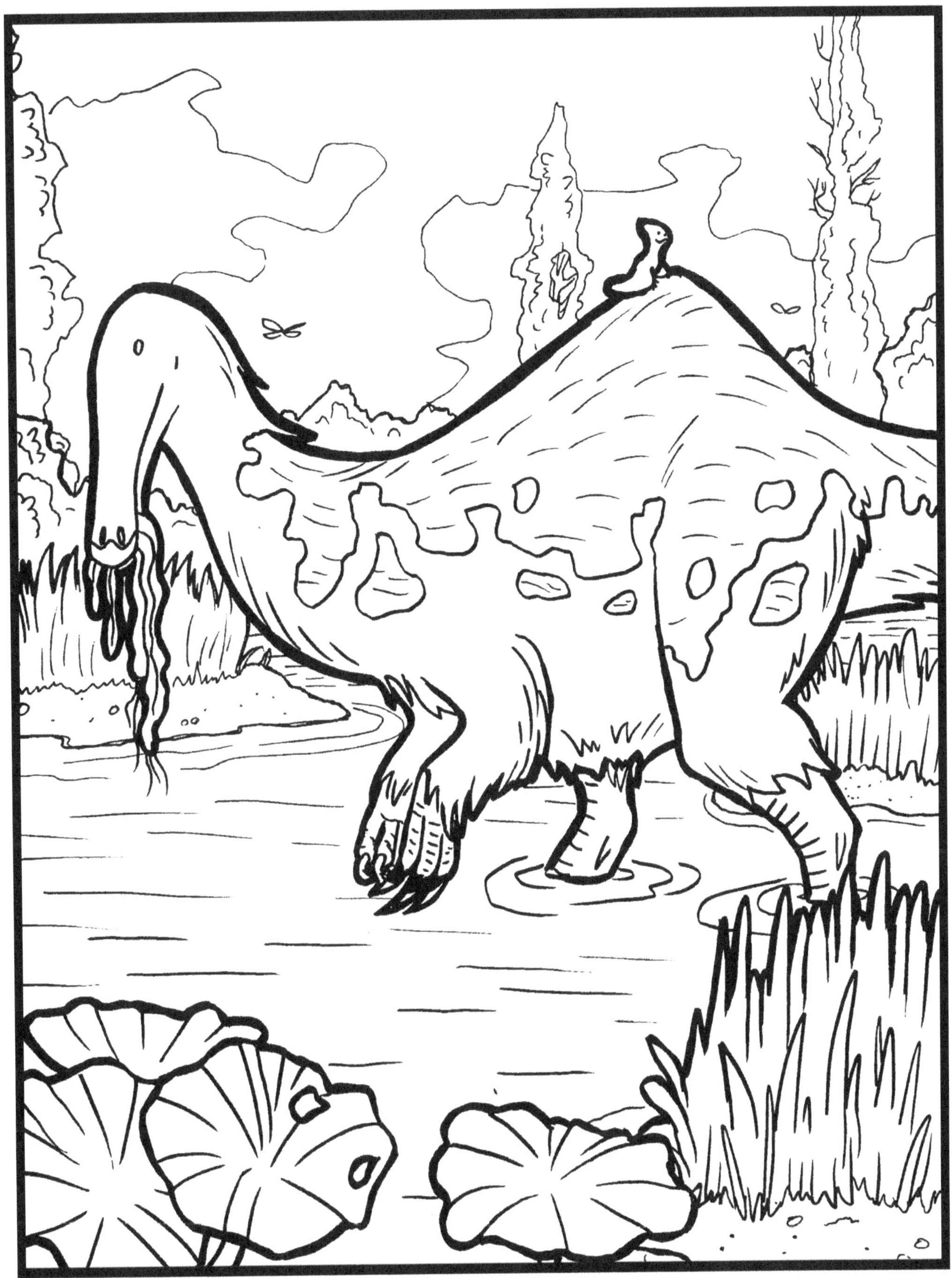

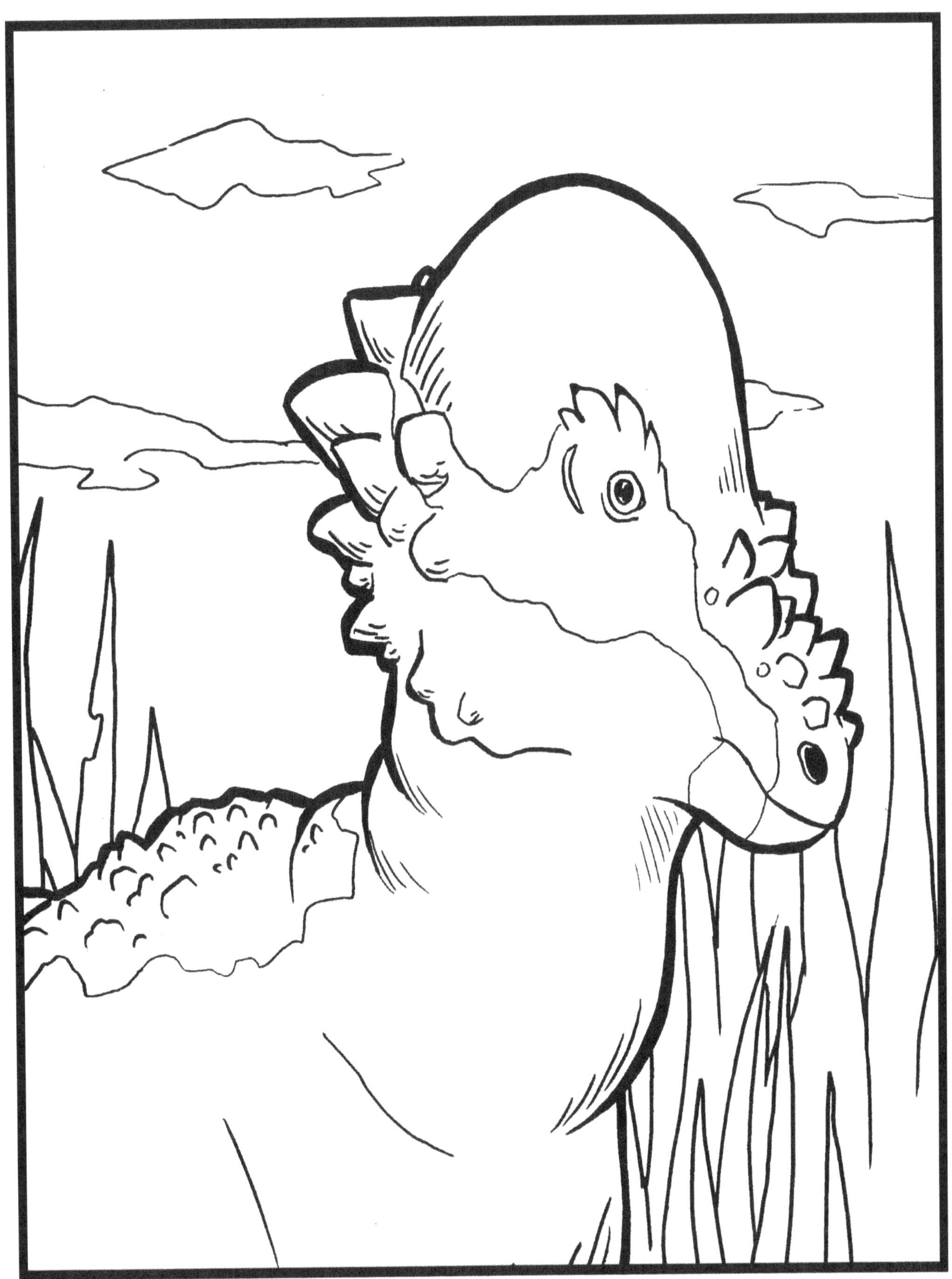

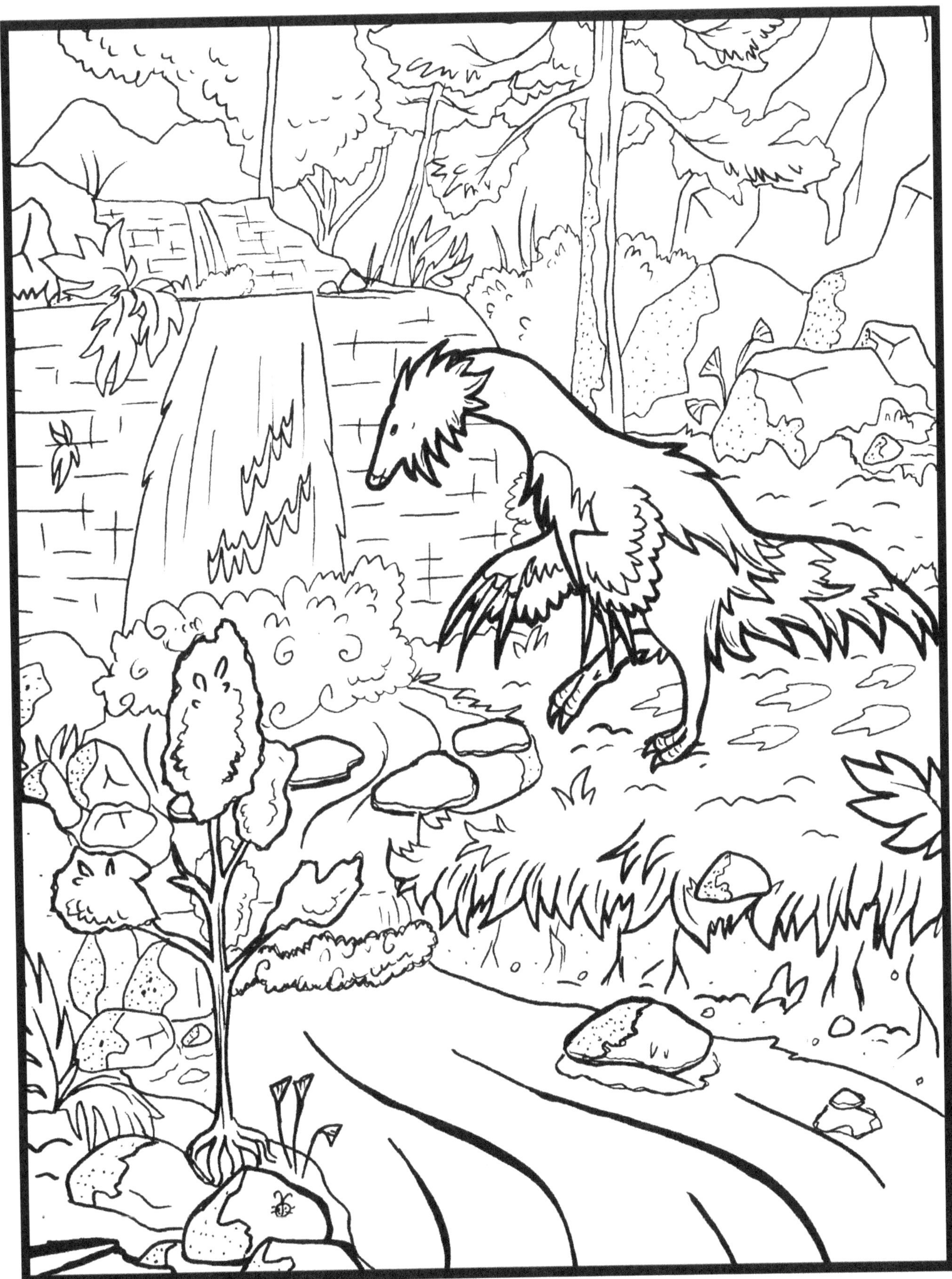

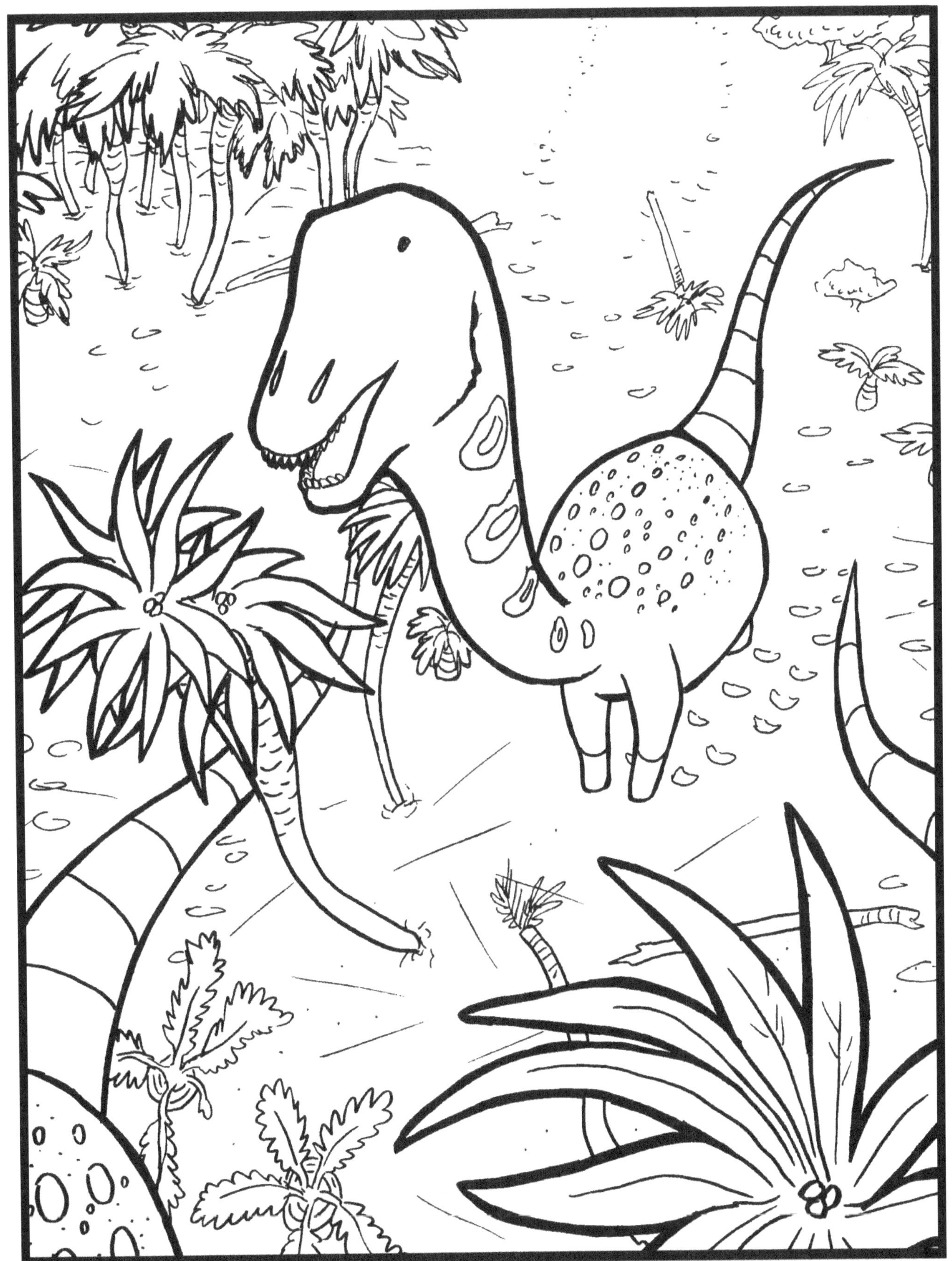

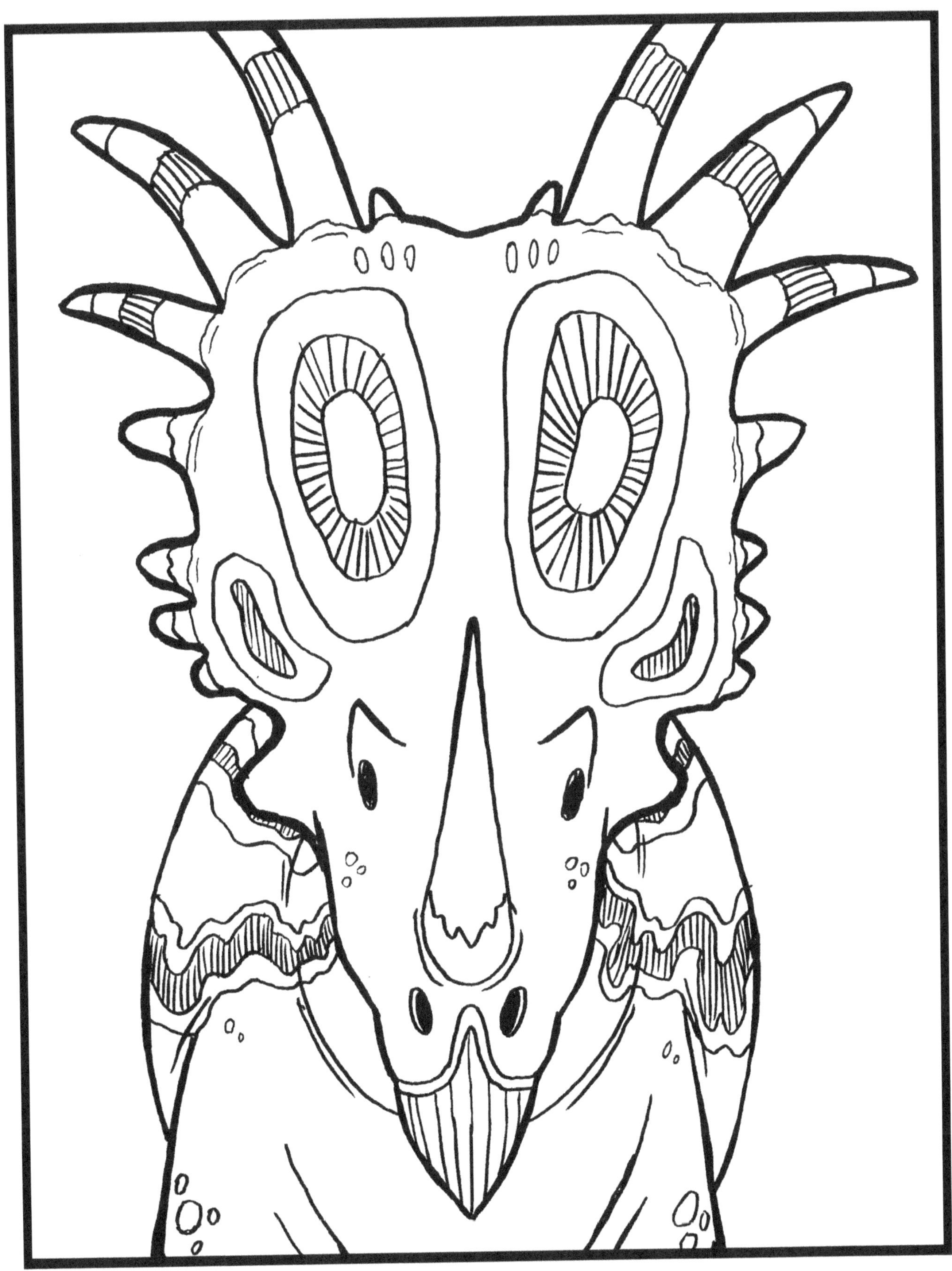

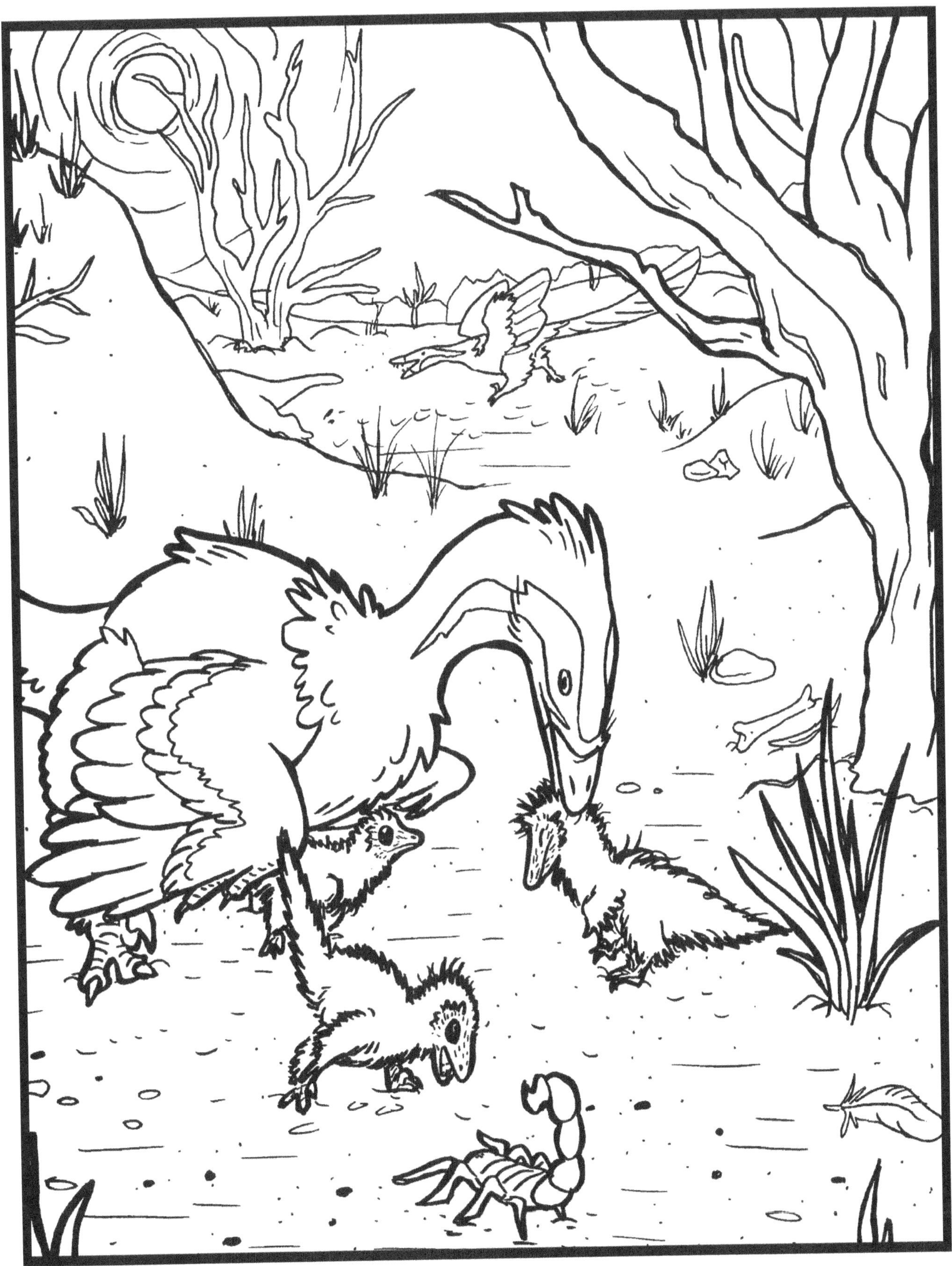

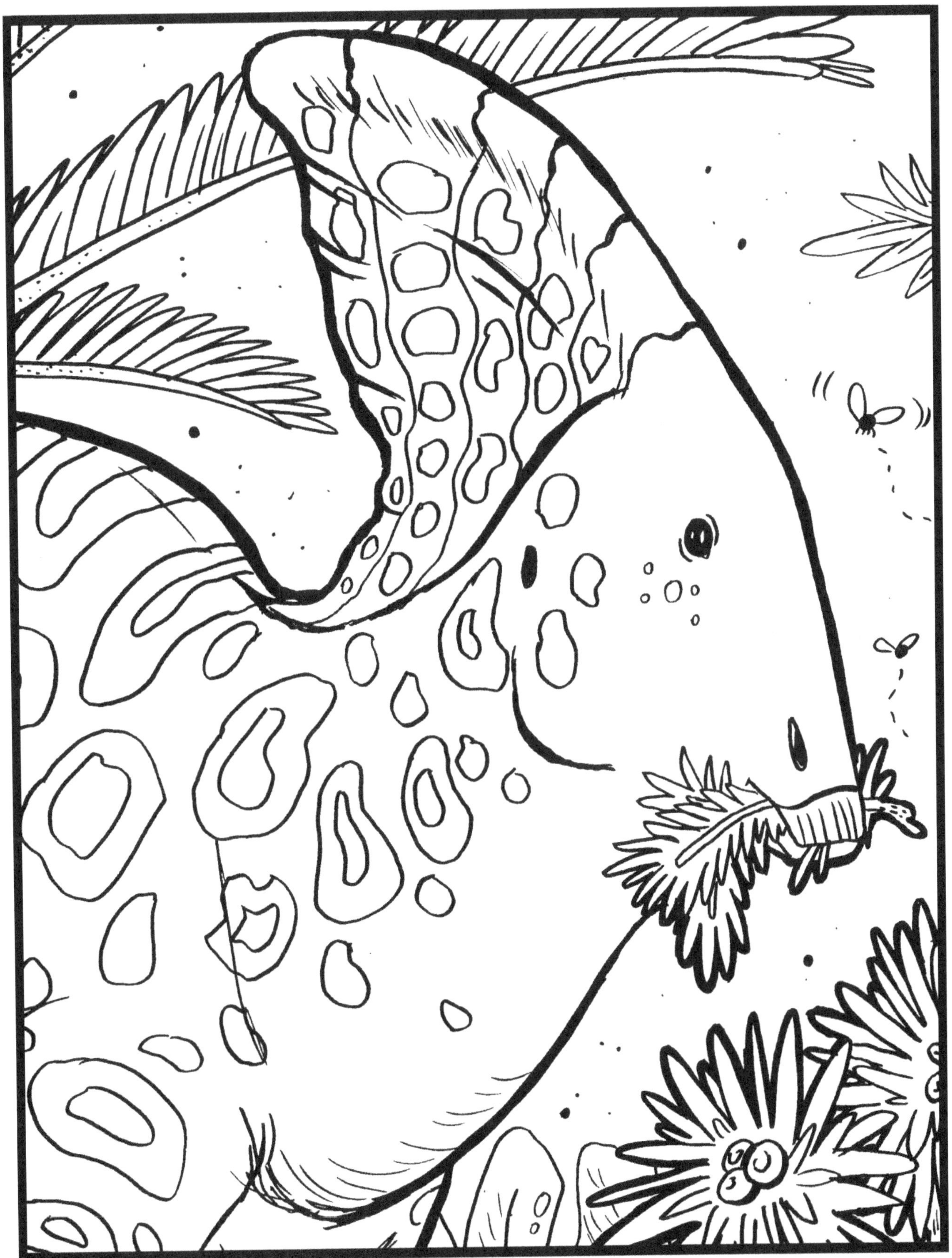

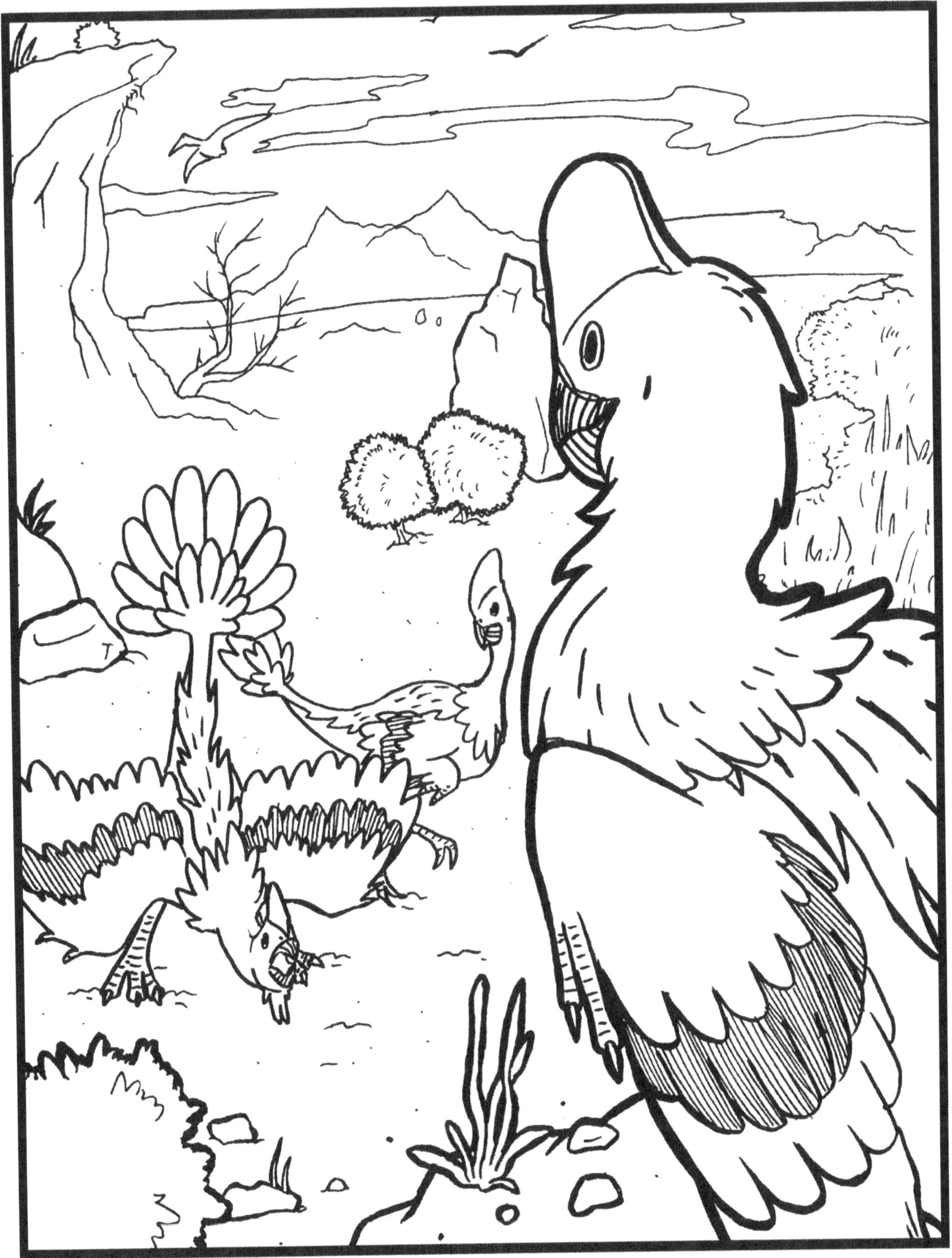

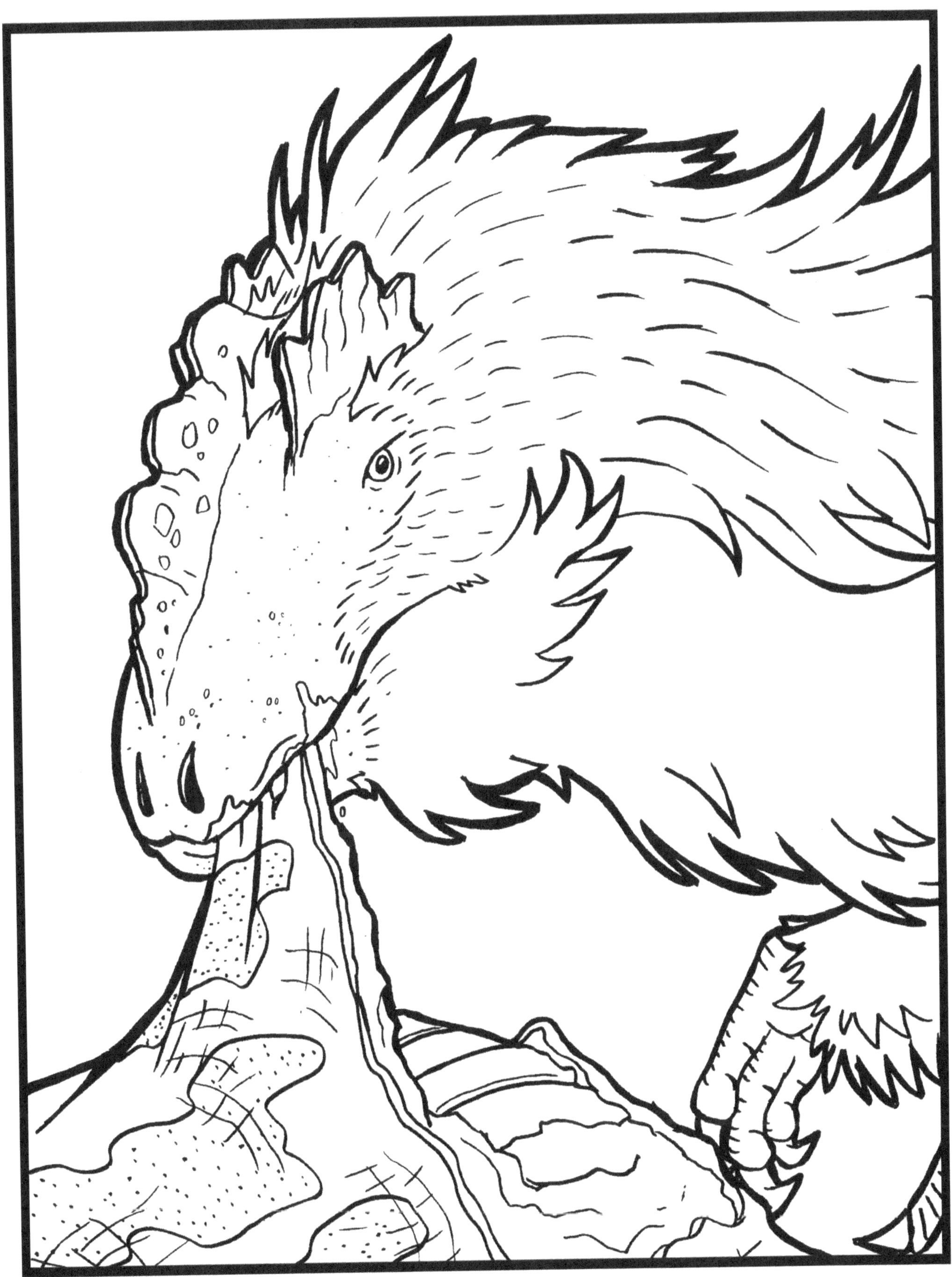

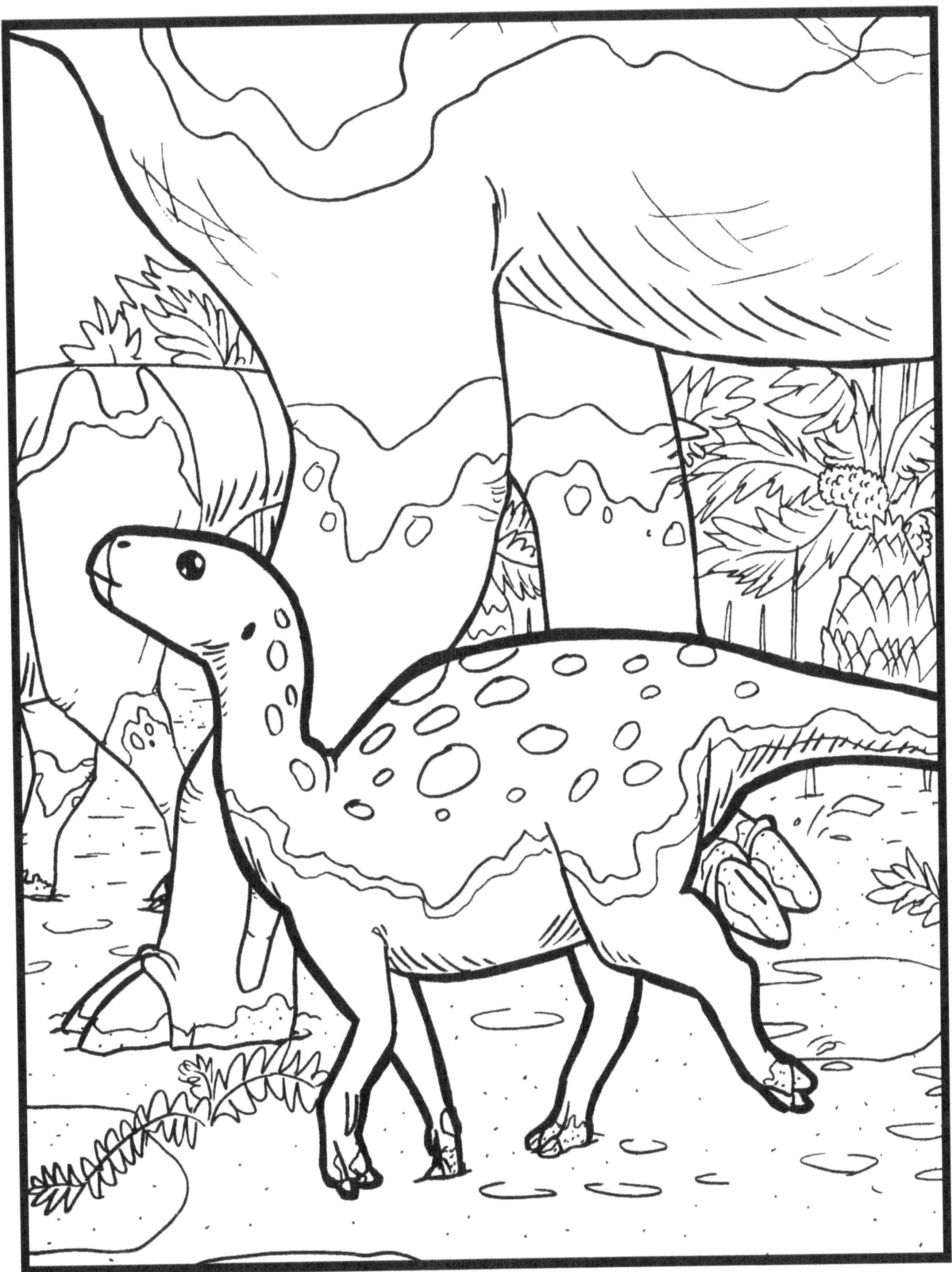

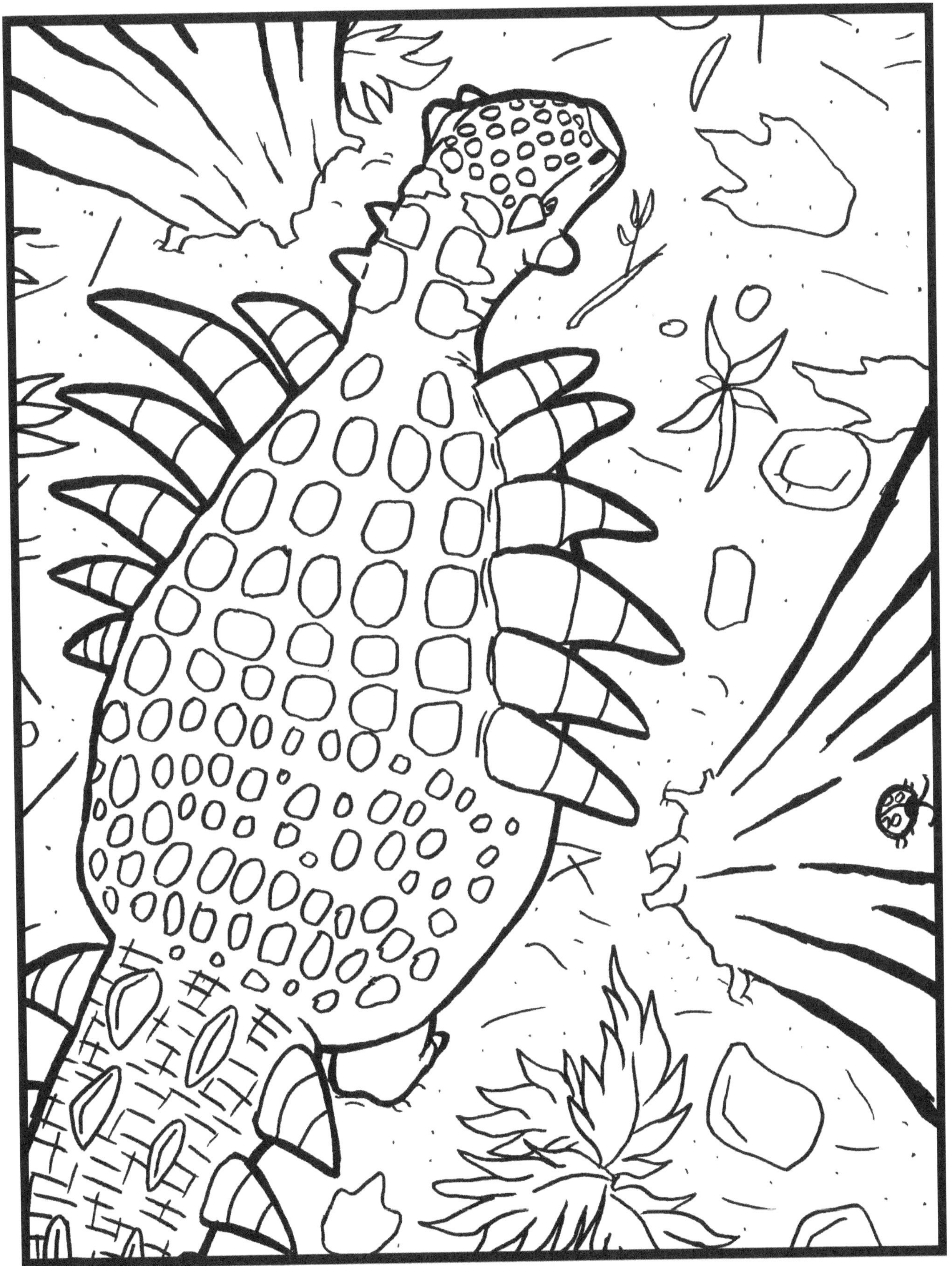

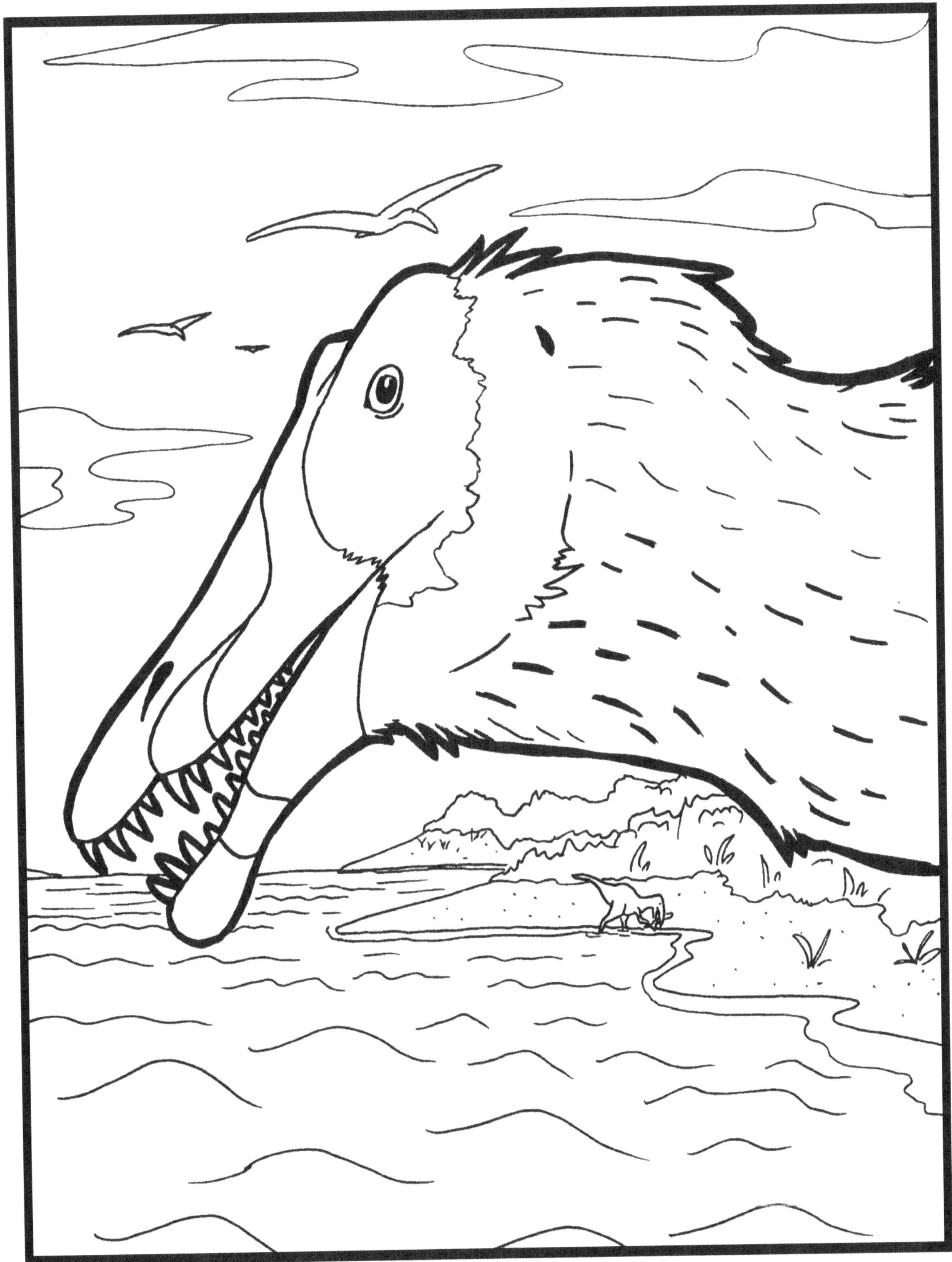

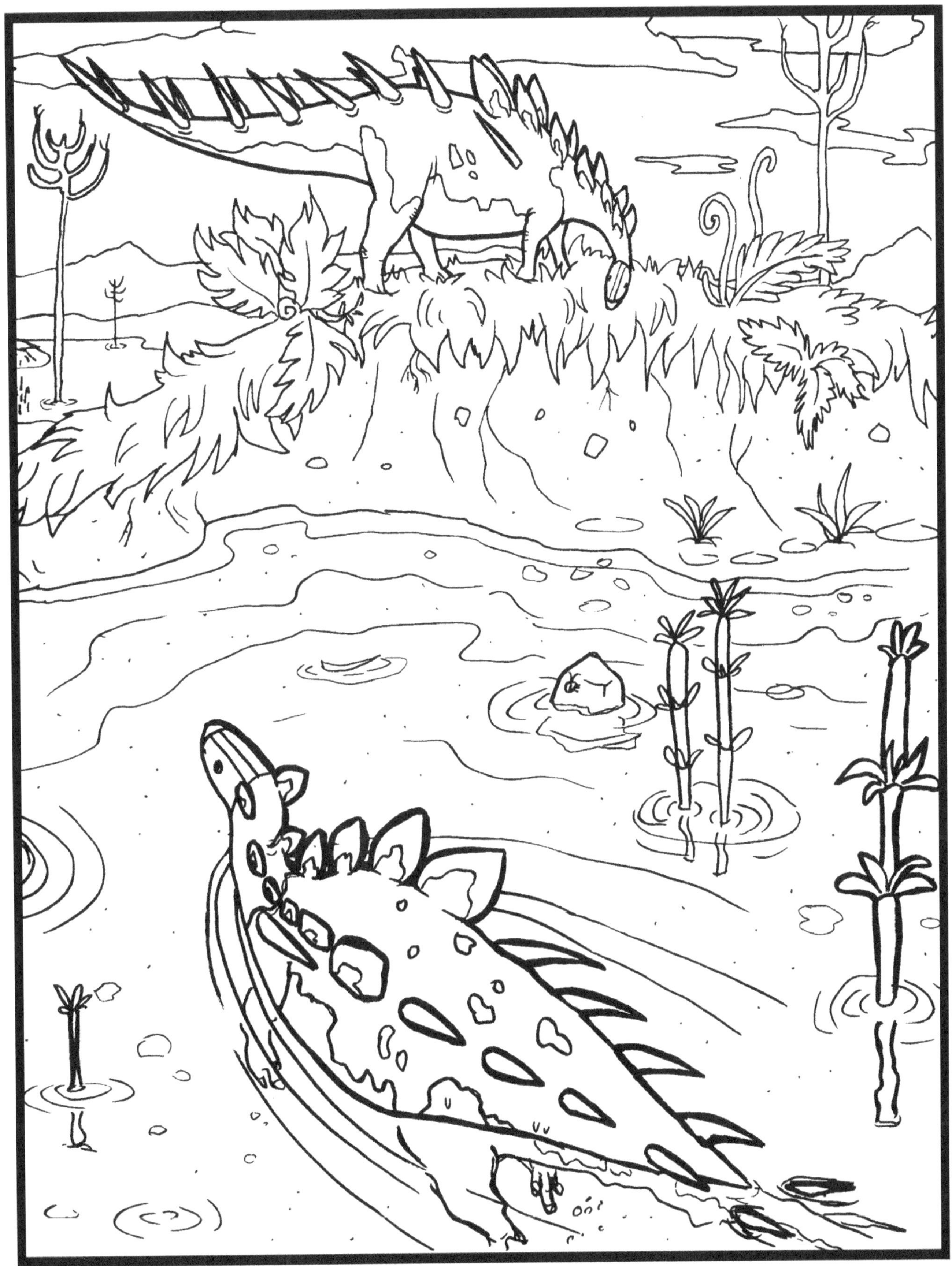

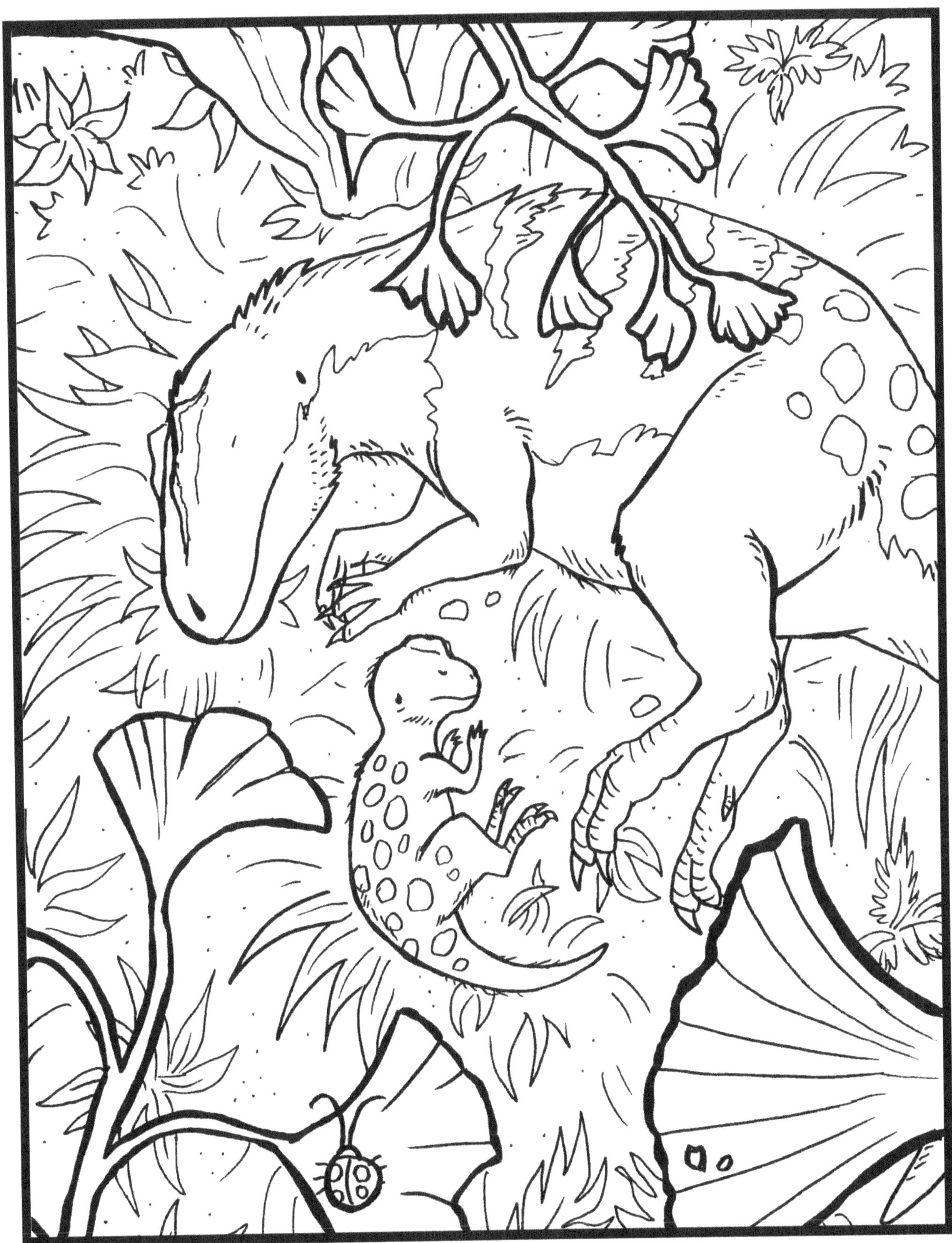

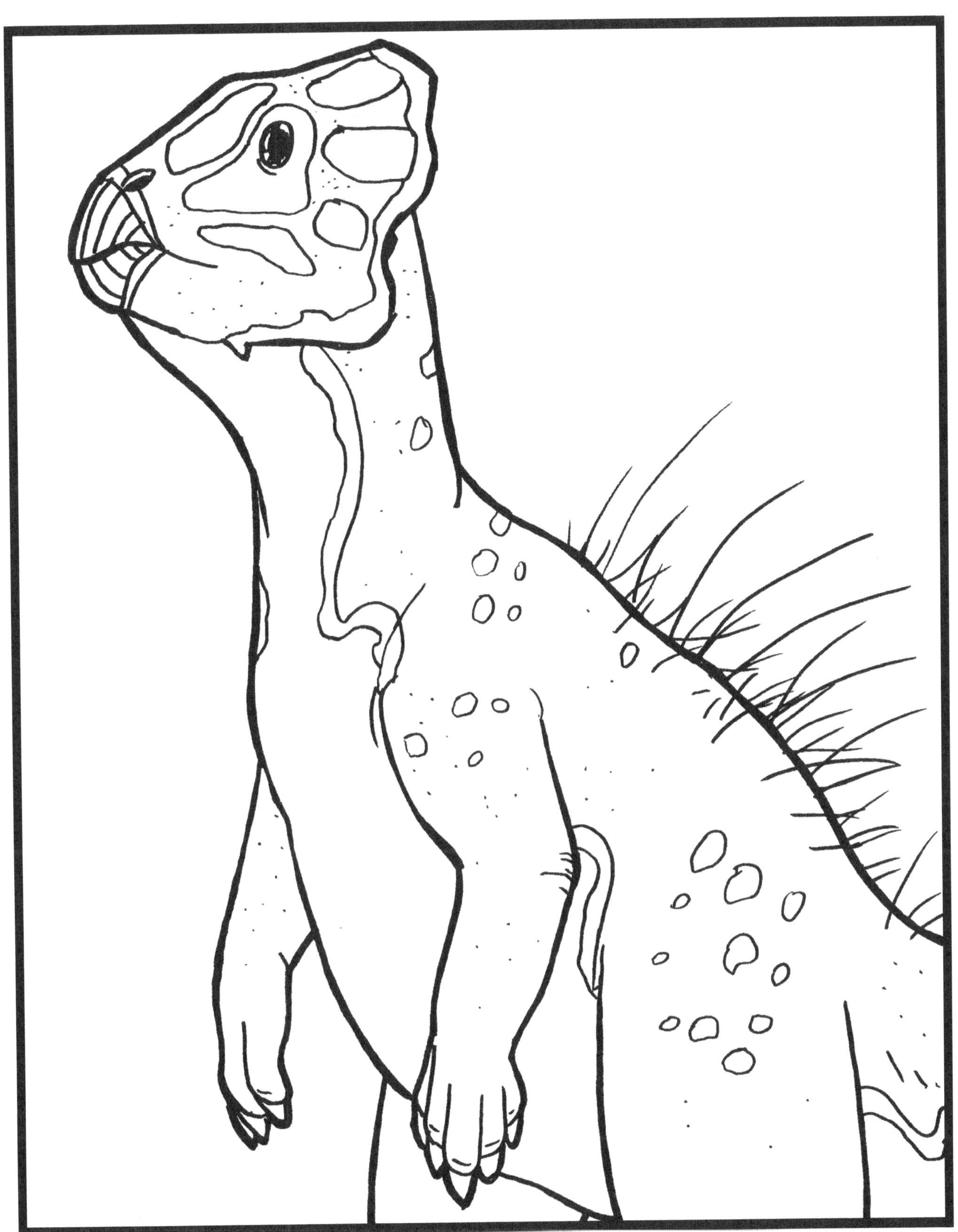

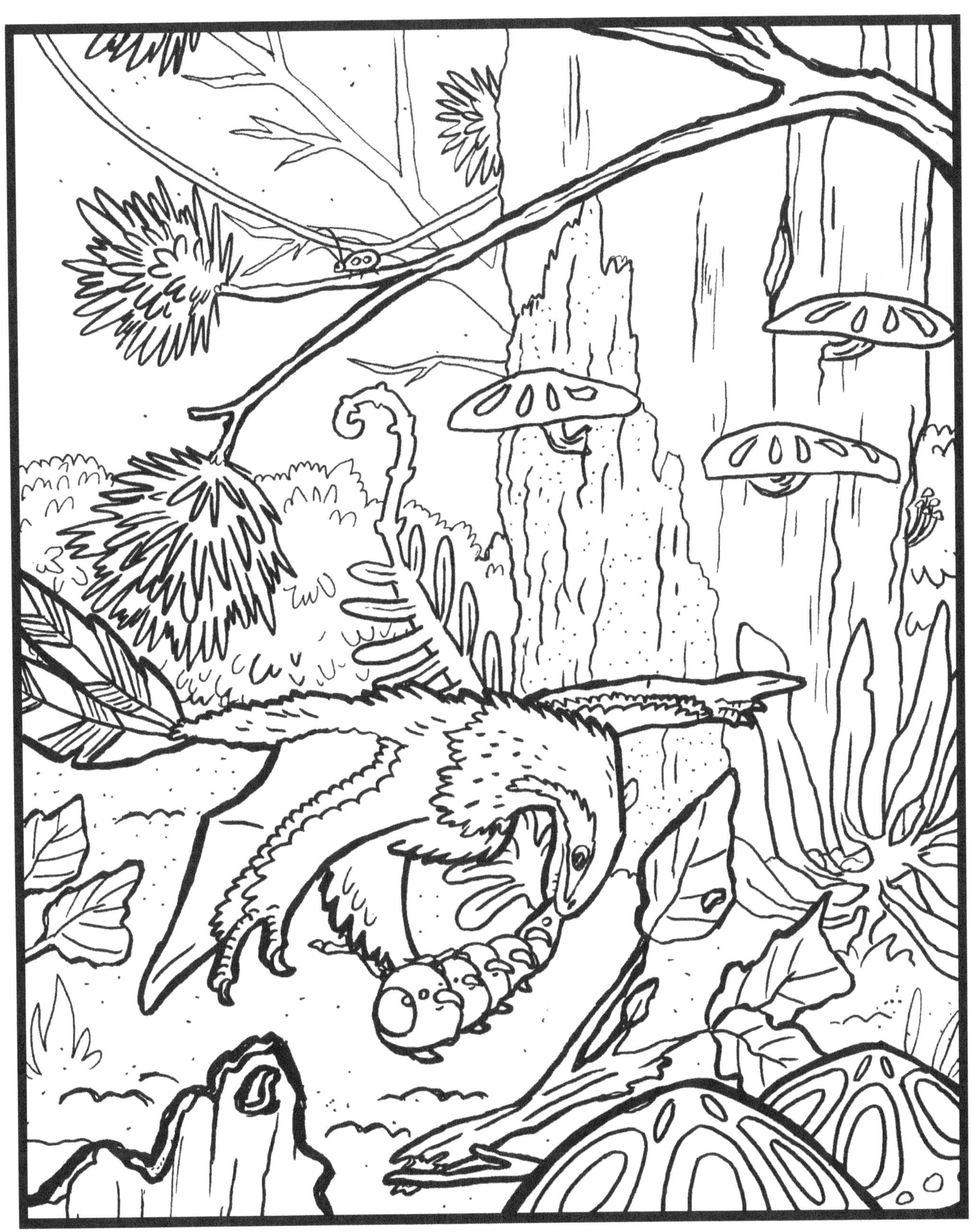

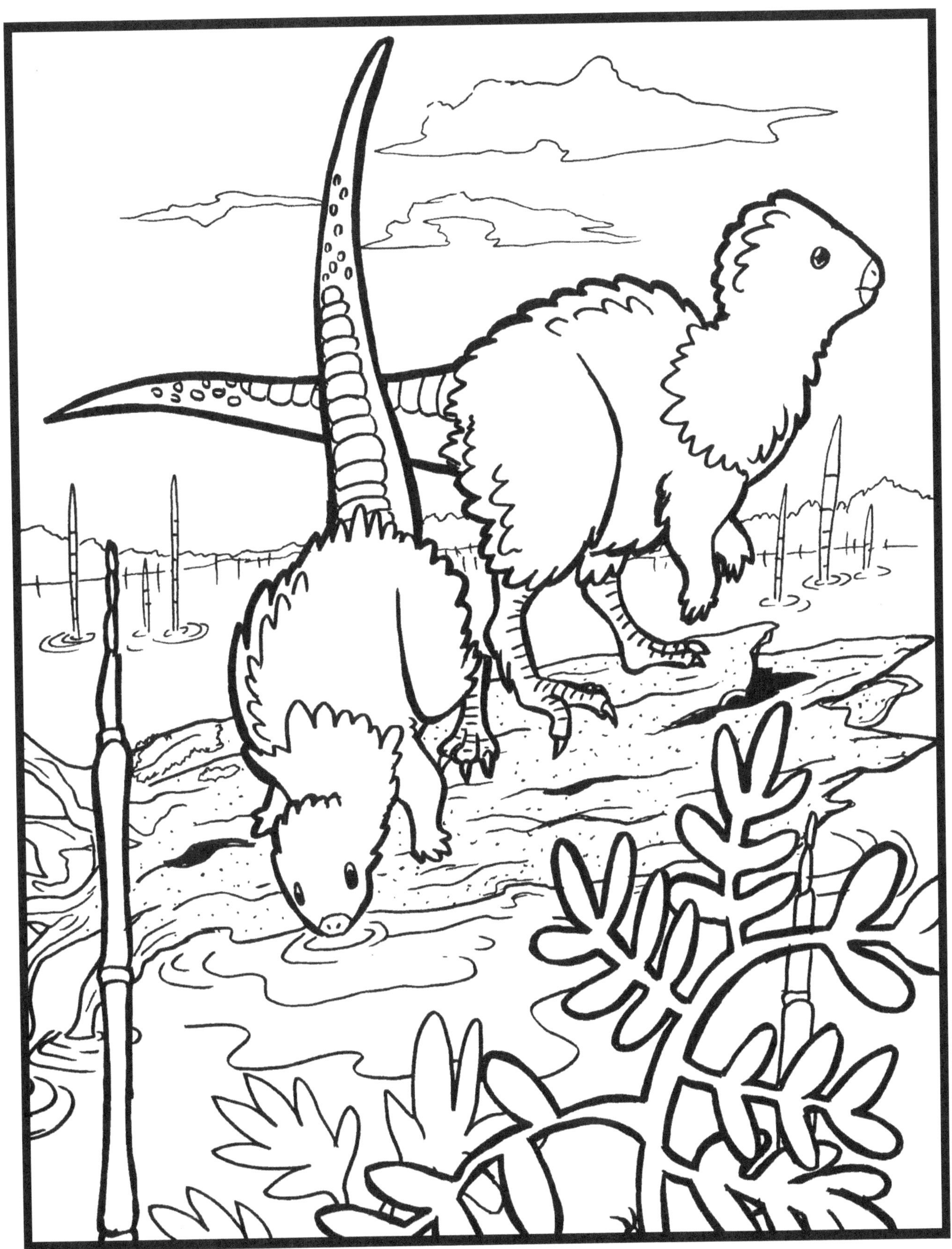

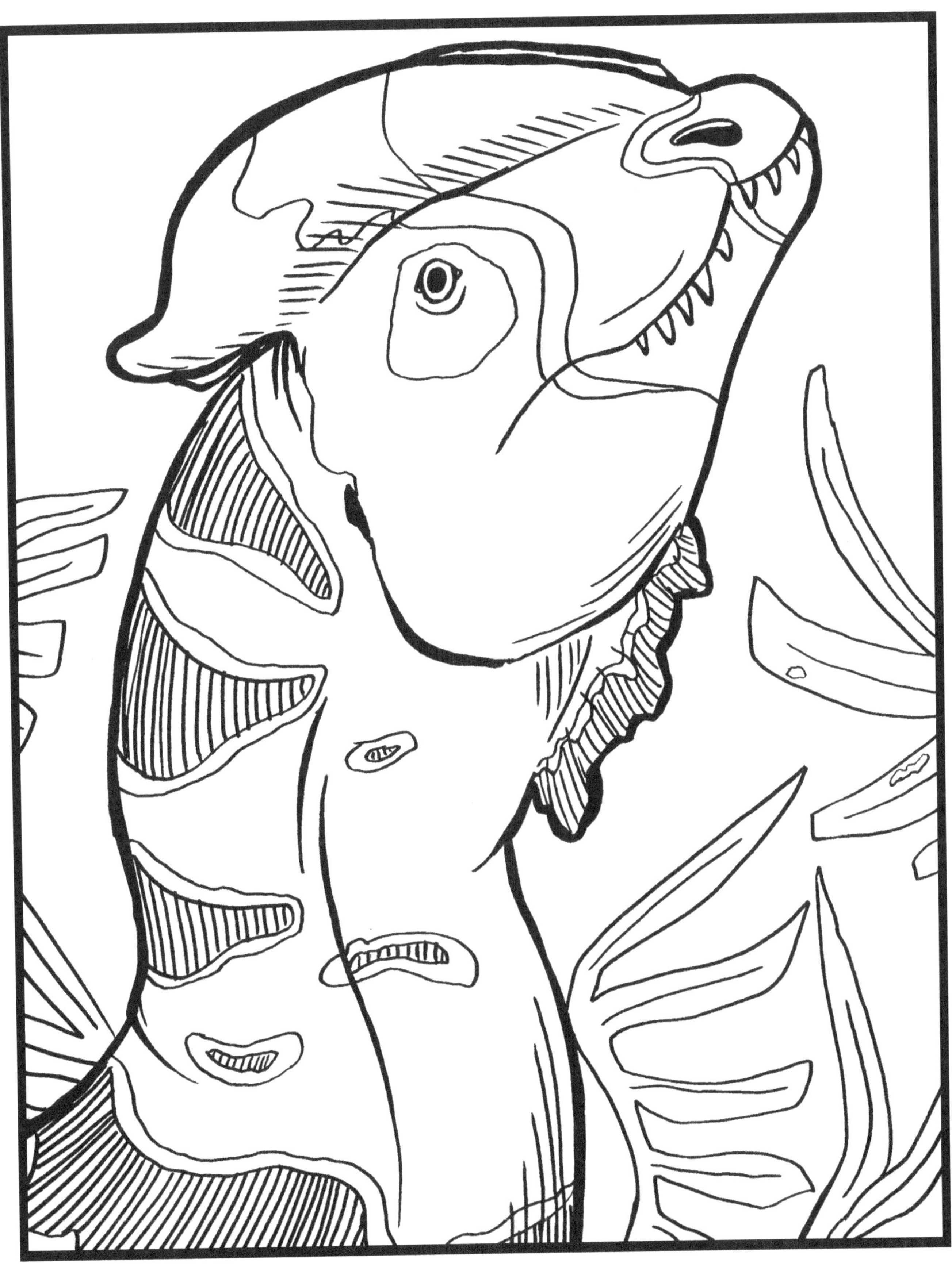

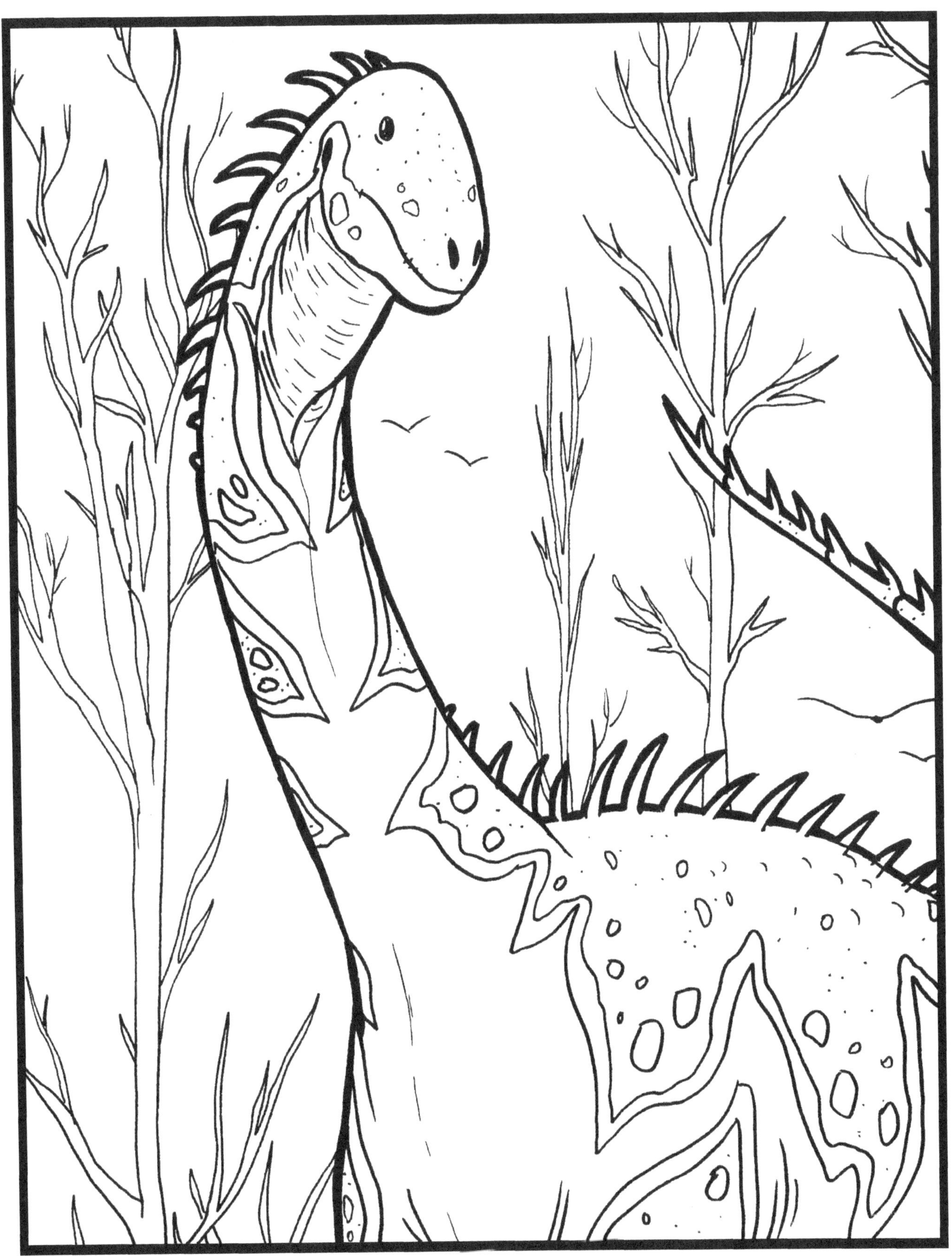

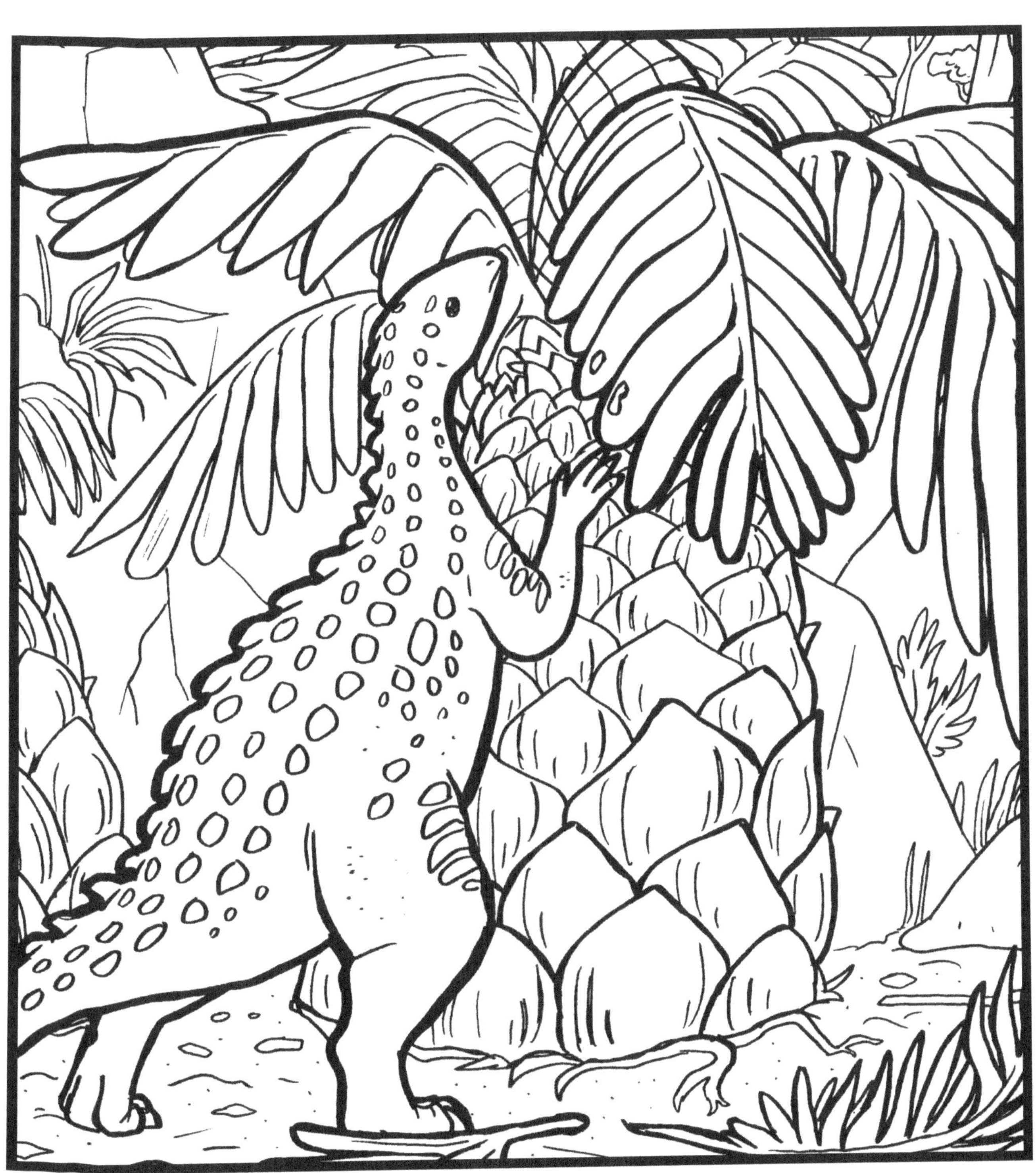

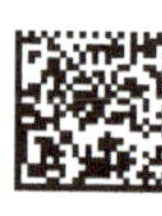
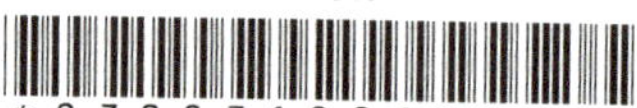